T0017971

MÉTODO DE **8** VALORES PARA LA CRIANZA EFECTIVA

TRIXIA VALLE

MÉTODO DE **8** VALORES PARA LA CRIANZA EFECTIVA

Herramientas únicas para conocer, guiar, educar y saber qué valores inculcar a tus hijos de acuerdo a su edad

URANO

Argentina – Chile – Colombia – España
Estados Unidos – México – Perú – Uruguay

1.ª edición México: agosto 2022

Reservados todos los derechos. Queda rigurosamente prohibida, sin la autorización escrita de los titulares del *copyright*, bajo las sanciones establecidas en las leyes, la reproducción parcial o total de esta obra por cualquier medio o procedimiento, incluidos la reprografía y el tratamiento informático, así como la distribución de ejemplares mediante alquiler o préstamo público.

Copyright © 2021 by Trixia Valle
All Rights Reserved
© 2022 *by* Ediciones Urano México, S.A. de C.V.
Ave. Insurgentes Sur 1722, 3er piso. Col. Florida
Ciudad de México, 01030. México
www.edicionesuranomexico.com

ISBN: 978-607-748-487-5

Impreso por: Litográfica Ingramex, S.A. de C.V.
Centeno 162- I. Col. Granjas Esmeralda. CDMX, 09810.

Impreso en México - *Printed in Mexico*

NOTA DE LA AUTORA:

El símbolo del infinito tiene la forma de número ocho horizontal. Se asocia a este concepto por el hecho de que no se puede determinar ni el principio ni el fin, ya que todos sus elementos están conectados. De la misma manera, este método para una crianza efectiva, no tiene principio ni fin; pues la educación de una persona comienza el día de su nacimiento pero no termina jamás. Por ello he decidido dejar el 8 con número para reflejar esta crianza infinita.

Este símbolo que se usa para representar cuando determinados elementos no tienen límite, fue utilizado por primera vez en los estudios matemáticos por John Wallis en el año de 1655. Aparentemente se inspiró en el símbolo griego del uróboros, que es un animal con forma o rasgos de serpiente que se muerde la cola.

La imagen se asocia al eterno retorno, a los ciclos que se repiten y se eternizan. Representa la concepción de la vida como un fenómeno infinito y no lineal.

Índice

Dedicatoria

A mis tres hijos: Raúl, Xime y Alex… curiosamente son las letras de mi nombre. Son mi vida entera. Ser su mamá es lo mejor que me ha pasado.

A mis papás, Horacio (q.e.p.d.) y Patricia quienes me enseñaron la diferencia entre el bien y el mal y quienes me amaron desde el primer momento de mi concepción.

A las mamás y a los papás del mundo, para que lo disfruten tanto como yo.

Da a tus hijos raíces,
pero también alas
para que aprendan a volar
solos.

Prólogo

Hablar sobre el tema de la crianza efectiva no es una tarea fácil, pero sí muy necesaria, principalmente en una época como la que nos tocó vivir en la que, aunque mucho se dice que los niños son el futuro, cada vez nos cuesta más trabajo darles un poco de nuestra atención como adultos y educadores.

Los estereotipos y estilos de vida que ha impuesto la sociedad nos han llevado a estar cada vez más inmersos en el trabajo dejando de lado la convivencia familiar y lo que es peor, la crianza de nuestros hijos. Los que somos padres, sabemos que, en múltiples ocasiones, ya sea por cansancio o por falta de preparación, hemos delegado la educación de nuestros hijos a alguien más, ya sea a sus profesores, a sus abuelos, al personal de servicio o a la televisión y al internet.

El impacto que ha tenido esta ruptura del núcleo social que es la familia, se ha visto reflejado en los últimos años con el incremento de suicidios en jóvenes, con la ausencia de valores que se vive en nuestra sociedad y con una carencia del amor por la vida.

Es por ello que cuando leí este libro que nos enseña, no solo cómo conocer mejor a nuestros hijos, sino cómo educarlos con base en la personalidad de cada uno, supe que este contenido debería ser una lectura obligada para todos los que somos formadores y que tenemos la firme convicción de que a través de la educación a los niños podemos construir una mejor sociedad.

Aplaudo la labor que mi amiga y aliada Trixia está realizando al publicar este libro, que estoy seguro, abonará en gran medida a que las familias tengan una mejor comunicación e integración, y principalmente, logren dar una crianza efectiva a sus hijos basada en valores, ya que, como bien dice la frase que da apertura a este libro «Da a tus hijos raíces, pero también alas para que aprendan a volar solos», la responsabilidad de dar raíces fuertes y herramientas para que nuestros hijos tengan un desarrollo sano y se conviertan en seres de bien para este mundo, es de nosotros, los adultos.

Existe un poema del autor japonés Mitsuo Aida que dice lo siguiente: «*La flor está sostenida por la rama, la rama está sostenida por el tronco, el tronco está sostenido por la raíz, y la raíz no se ve*».
Pensemos que las flores de nuestro mundo son todos los niños que habitan en él, y que nosotros, como los responsables de su educación y formación, somos esas raíces que los sostienen, que les dan la fuerza para crecer, para descubrirse, para potenciar sus talentos y para amar la vida.

ALEJANDRO KASUGA
Fundador de Organización Impulsora de Valores y
autor del Método Kizukai

Proemio

En mis veinte años de carrera he visto que los padres se preocupan mucho por la salud de sus hijos. Sin embargo, pocas veces se afligen por su desarrollo emocional, que es parte fundamental en su vida. Por eso tener una guía que hable de cada etapa física y mental con su valor respectivo es indispensable para los tiempos modernos que hoy vivimos.

La pandemia que vivimos desde hace dos años, comprometió más a los padres en la formación de sus hijos, pues al haber estado en casa sin apoyos externos, como escuelas y guarderías, era vital que comprendieran su desarrollo integral para guiarlos y generar una convivencia agradable para la familia y la sociedad.

Los hijos vienen sin manual, y criarlos y llevarlos por el camino correcto es muy difícil, ya que la crianza respetuosa, con apego y acompañamiento, es un tema que yo considero que todos los nuevos padres deben tener muy presente.

Trixia Valle te lleva por un camino muy fácil de entender para que puedas criar a tus hijos, acompañarlos en cada etapa, enseñarles a acoplarse al mundo, a ser tolerantes, y a que tú, como padre o madre, entiendas sobre todo, que deben tener sus propias experiencias de vida.

En estos tiempos en donde educar con límites a los hijos parece haber sido olvidado, considero de suma importancia que los padres, a través de los valores, les enseñen a sus hijos a ser independientes y a autocontrolarse, para que puedan integrarse en una sociedad sin dificultad alguna.

Recomiendo ampliamente la lectura de este libro, ya que es muy fácil de seguir este *Método de 8 valores para la crianza efectiva*, en el que se define, de acuerdo a la edad, el valor al que se le tiene que dar prioridad.

Estos 8 valores son acumulativos (así como los bloques de lego), para formar a una persona integral, comenzando por la aceptación y terminando con la autodeterminación.

Dr. Juan Carlos Carrera Morales[1]
Médico pediatra

---

1. Cuenta con un canal en YouTube de temas pediátricos con más de 550 mil suscriptores, en el cual se pueden encontrar tips y recomendaciones para prevenir enfermedades de los hijos. Es muy valorado por su dinamismo y practicidad al dar consejos.

Introducción

*En nuestros días la vida se puede conservar hasta los
100 años con ayuda de la ciencia, pero no existen
muchos que quieran ni sepan vivir tanto.*

TRIXIA VALLE

La vida ha cambiado vertiginosamente en los últimos cien años,
tanto que ni siquiera podemos imaginar enviar mensajes a través del
telégrafo o trasladarnos durante cinco días a un lugar al que ahora
solo toma un par de horas llegar en avión. Sin duda, estamos en el
siglo de los avances, novedades e innovaciones donde la tecnología
cobra un papel fundamental para facilitarnos la vida y cambiar los
paradigmas de la convivencia.

Sin embargo, las preguntas más primitivas, esenciales y permanentes son: ¿Quién soy?, y ¿para qué estoy aquí? La frase de William
Shakespeare[2]: «Ser o no ser, esa es la cuestión», sigue, y seguirá vi-
gente en nuestro corazón hasta el final de los días.

Por ello, el autoconocimiento era tan importante para el hombre
de Neandertal, ya que debía matar mamuts, bisontes, renos... para

---

2. Dramaturgo, poeta y actor inglés (1564-1616).

subsistir. Nosotros, tú y yo que vivimos en la era de Google y Uber Eats, que nos resuelven casi todo, también nos hacemos las mismas preguntas, pues son las que nos dan sentido para vivir.

Este libro lo escribo con el conocimiento de lo que significa para mí la vida, porque soy mamá, profesionista, compañera, colega de trabajo, amiga, consejera, conferencista, empleada, empleadora y jefa desde todas las perspectivas de mi alma. Contiene el conocimiento que me hubiera gustado tener resumido, para de ahí partir al más maravilloso viaje que es el que se hace hacia el interior de uno mismo.

Te cuento: A los 19 años estuve a punto de morir en un accidente. Ese hecho cambió mi vida para siempre; por ello me dedico a escribir libros, a relatar historias, a promover valores, a comunicar y más, porque al hacerlo resuelvo mis preguntas interiores. Gracias a ello le he dado rumbo a mi vida y tengo un propósito.

El poeta persa y místico sufí del siglo XIII, Rumi[3], dijo: «Todo lo que existe en el universo está en tu interior, busca ahí». Considero que, desde nuestro primer latido en la tierra, hasta el último suspiro, conocernos a nosotros mismos es y será interesante, valioso, cero aburrido y además captará nuestra atención. Incluso el adolescente más reacio se abre a escuchar cuando alguien le dice lo que piensan los demás sobre su personalidad.

Así, en estas páginas encontrarás mis respuestas salpicadas de verdades universales, acompañadas de estudiosos de la personalidad, pedagogos famosos e historias que pueden inspirar tu propio autoconocimiento.

A continuación, te presento una manifestación de frases juveniles que escuchamos constantemente:

- Mamá, me quiero morir
- La vida no vale la pena, nadie me habla en la escuela

---

3. Yalal ad-Din Muhammad Rumi, célebre poeta místico musulmán persa y erudito religioso. (1207-1273).

- Apesto, todos me lo hacen notar
- La vida sería mejor sin mí
- Si me pasa… me suicido

Estas declaraciones de desesperanza, desamor, tristeza y pocas ganas de vivir aumentan con una rapidez alarmante de acuerdo con la Organización Mundial de la Salud (OMS) y cito textualmente su infografía: «Más de 800,000 personas se suicidan cada año, lo que representa **una muerte cada 40 segundos**. El suicidio es la segunda causa de defunción en el grupo etario de 15 a 29 años». Millones de jóvenes no encuentran sentido a la vida.

La niñez, que suele ser la mejor etapa de la vida, en estos tiempos para algunos niños, significa soledad y maltrato, pues sienten que molestan a los adultos que se encuentran a su alrededor. La juventud, que es el momento de brillar, hoy, para muchos jóvenes, se ve opacada al ser atacados y despreciados por los demás. Y la adultez se ha convertido en un cúmulo vertiginoso de actividades, únicamente se anhela que llegue el fin de semana para descansar y desconectarse. Esta es la realidad mundial, por lo mismo, considero que, si cada uno de nosotros nos conocemos un poquito más, el sufrimiento y la ola de suicidios cesará. Solo quien pueda dominar su espíritu, podrá dominar el mundo.

En este recorrido iniciaré con la niñez, y para comenzar te diré que: **Todas las ideas de la vida se generan en la mente del niño desde los primeros momentos.** El amor empieza con los padres y el vínculo con ellos es la raíz, porque la semilla se siembra en casa y es ahí donde se genera la fuerza para vivir.

Este libro es una invitación al autoconocimiento personal, al conocimiento de tus hijos, a tomar el modelo de **8** valores para pulir tu personalidad y educar de la mejor manera a tus hijos. La forma en que lo apliques solo depende de ti. Sea como sea su uso, la finalidad es conocer tu personalidad para que desde ahí pulas tus valores y los expandas a tus círculos.

Por eso, ahora que tienes vida, **enséñate a vivir.** El bienvivir es vivir con principios y valores que te acercarán más profundamente al amor. Decidí escribir sobre los **8 valores para la crianza efectiva**, para que tanto tú, como yo, podamos hacer que nuestros hijos tengan una existencia valiosa, digna y feliz, en la que valga la pena cada segundo de nuestro paso por la Tierra y les inculquemos el mayor tesoro que podemos compartirles, que es **el amor por estar vivo.**

Capítulo 1
Los valores del siglo XXI

*«Temo el día en que la tecnología sobrepase nuestra
humanidad; el mundo solo tendrá una generación de
idiotas.»*

ALBERT EINSTEIN[4]

Me encanta vivir en el siglo XXI, poder obtener lo que deseo fácilmente y al instante, tanto en información como en productos. Me fascina que el aprendizaje sea tan accesible y hacer eficiente cada segundo de mi existencia… pero lo que **no** me encanta, es que con el brazo extensor del internet, las ideas relativistas y tergiversadas, avaladas por argumentos súper estructurados, nos confundan y lleven a la zona gris de la vida, en donde todo es «X» y el mal comienza a disfrazarse de «bien» y el bien de «ideas retrogradas».

En el mundo del progreso, la tecnología y la ciencia nos han llevado a un cambio en los conceptos a los que les damos importancia. Hoy podemos realizar actividades jamás pensadas como comunicarnos en video con personas lejanas, tener acceso a comprar cualquier objeto con

---

4. Físico alemán, naturalizado suizo, austriaco y estadounidense (1879-1955).

solo un clic, trabajar a distancia… lo cual es cómodo y fácil. Sin embargo, estas actividades sobre cotizadas nos generan un sentimiento de estarnos perdiendo de algo, que nos hace pasar, al menos, ocho horas en promedio, frente a las pantallas incandescentes, llenas de contenidos diversos que nos entretienen, absorben y desconectan de los demás.

Lo triste del mundo de la tecnología-ciencia-progreso-facilidad-comodidad es que, quienes pagan la factura más alta de dicha desconexión, son las nuevas generaciones: Los niños, para quienes no se tiene tiempo, ni interés en jugar, escuchar, convivir, contar cuentos, correr o juntar piedritas en un parque… La frase que usualmente se les dice es: «¡Espérame tantito! Solo contesto esto y ya», millones de papás y mamás se las repetimos a nuestros hijos con el pretexto de que es muy importante lo que estamos haciendo y, lo peor del caso, es que, a la vez, les estamos mandando el constante mensaje de: «Todo es más importante que tú».

Podría decirse que en el siglo XVIII lo peor que le podía pasar a un ser humano era ser mujer y, en el siglo XXI, lo peor que le puede pasar es ser niño, pues a los adultos les urge que crezcan, sean independientes, no den lata, no les quiten el tiempo y, además, no hablen de niñerías…

De este modo, estamos forzando a los niños a que crezcan a pasos agigantados, adelantándoles contenidos, imágenes, situaciones y vivencias a edades muy tempranas, pues de acuerdo con el pedagogo Jean Piaget[5], el juicio crítico se forma hasta los doce años, que es cuando aparece el estadio operacional abstracto y relacionan el concepto con la palabra y las operaciones formales en las que ya elaboran ideas.

Aproximadamente a los doce años es cuando aparece la lógica, es decir, los niños empiezan a utilizar la palabra como forma de pensamiento, pues ya son capaces de reflexionar a partir de premisas. Ya no

---

5. Psicólogo, epistemólogo y biólogo suizo (1896-1980).

necesitan la presencia de los objetos para hacer asociaciones de ideas, ya pueden razonar y comenzar a discernir entre el bien y el mal.

Desafortunadamente y sin temor a equivocarme, podría asegurar que esta es la realidad de una enorme mayoría de los habitantes de este siglo, pues los padres estamos formando la generación de infantes más solos y con menos vínculos emocionales que haya existido jamás. Se me hace un nudo en la garganta cuando veo la carita de cualquier niño en un restaurante junto a su papá y su mamá, que está esperando, eternamente, a que dejen sus aparatos para que le presten un poco de atención... o tratando de llenar ese vacío que siente de incontables horas viendo sus videojuegos o celulares, para de esta forma, encontrar su lugar en el mundo, su seguridad, su sentimiento de valía y la conexión con alguien más.

Algunos padres están perdiendo el vínculo con sus hijos por estar metidos en chismes de Facebook y videos de YouTube. Muchos jóvenes ahora se maltratan y se ofenden a través de las redes sociales. Los niños tienden a no pensar en las consecuencias de sus actos y seguir las instrucciones de los #retos como si fueran robots hipnotizados por la vorágine social. Pudiera decirse que lo dicho por Einsten se cumple, pues parece que somos una sociedad «idiota» que únicamente piensa en ser progresista, en dejar abierta la puerta a la libertad de expresión, sin cuidar el pudor y la inocencia, faltándole el respeto a la infancia y violando su derecho inalienable de crecer en un ambiente que favorezca su sano desarrollo (Artículo 4º Constitucional, Constitución Política Mexicana).

Lo más preocupante es que, tras miles de millones de páginas de información, no hay una sola que pueda rehacer los vínculos perdidos con las personas a quienes amamos; no existe medicina que podamos comprar para sanar las heridas del abandono digital; tampoco un elixir para recuperar la dignidad tras una difamación de alguien a quien pensábamos amar; y menos un pegamento que una de nuevo las piezas de un corazón roto que ya no quiere vivir.

La existencia se ha transformado en una situación cómoda y sin sentido que abre el vacío emocional de cada uno de nosotros y nos deja con la sensación de un «para qué» que no encuentra respuesta en las nuevas solicitudes de Facebook, ni en los videos de YouTube, ya que ese «para qué» únicamente está en el corazón, solo existe en la profundidad del alma y se vive en la conexión con lo divino que nos llena de amor, pues el amor es lo único que existe.

Esta desconexión social está generando en el mundo una crisis masiva de valores, donde la depresión y el suicidio aumentan en cifras alarmantes. De acuerdo con datos del Instituto Nacional de Salud Pública (INSP), en México el suicidio constituye la tercera causa de muerte entre jóvenes de 15 a 19 años de edad, y tuvo un crecimiento del 275 por ciento entre 1970 y 2007. Además, se estima que, por cada persona que se suicida, existen veinte que lo intentan. De acuerdo con el psicólogo Luis Miguel López Cuevas, coordinador estatal de la Secretaría de Salud del estado de Campeche, el trastorno depresivo unipolar o depresión clínica, constituye uno de los padecimientos que causan discapacidad y es la tercera causa de muerte en el mundo, según la Organización Mundial de la Salud (OMS).

De acuerdo con las cifras de la Clínica Mayo, la depresión clínica es un trastorno emocional que causa un sentimiento de tristeza constante y una pérdida de interés para realizar diferentes actividades, pues afecta los sentimientos, los pensamientos y el comportamiento de las personas. Por lo común sienten que no vale la pena vivir. Desafortunadamente la depresión y el suicidio van de la mano.

A continuación, te presento los síntomas de la depresión:

• Sentimientos de **tristeza**, ganas de llorar.
• Arrebatos de **enojo**, irritabilidad o frustración, incluso por asuntos de poca importancia.
• **Pérdida de interés** o placer por la mayoría de las actividades habituales.
• **Alteraciones del sueño** como insomnio o dormir demasiado; cansancio y falta de energía.
• **Cambios en el apetito,** comer mucho o poco.

- **Ansiedad**, agitación o inquietud.
- **Lentitud** para razonar, hablar y hacer movimientos corporales.
- Sentimientos de **inutilidad o culpa**.
- **Dificultad para pensar**, concentrarse, tomar decisiones y recordar cosas; **pensamientos frecuentes sobre la muerte**, pensamientos suicidas e intentos de suicidio.
- **Problemas físicos inexplicables**, como dolor de espalda o de cabeza.

En los niños más pequeños los síntomas de depresión pueden consistir en tristeza, irritabilidad, apego, preocupación, diversos dolores, negarse a asistir a la escuela o bajar de peso.

En los adolescentes los síntomas pueden incluir tristeza, irritabilidad, ira, bajo rendimiento escolar, poca asistencia a la escuela, y tener actitud negativa. A veces se sienten inútiles, incomprendidos y están extremadamente sensibles. También existe la posibilidad de que consuman drogas de uso recreativo o alcohol; asimismo les da por comer poco o demasiado, o dormir apenas unas horas o todo el día. Desafortunadamente pueden autolesionarse, perder el interés por las actividades habituales y evitar la interacción social.

Aunque se desconoce la causa exacta de la depresión, la Clínica Mayo menciona tres diferencias biológicas:

1. **Química del cerebro**. Cambios en la función y el efecto de neurotransmisores, involucrados en mantener la estabilidad del estado de ánimo.
2. **Hormonal**. Es posible que los cambios en el equilibrio hormonal del cuerpo tengan un rol al causar o desencadenar la depresión, estos desajustes pueden presentarse en el embarazo, por problemas de tiroides, menopausia y otros trastornos.
3. **Rasgos hereditarios**. La depresión es más frecuente en las personas cuyos parientes consanguíneos (papás, mamás o abuelos) también padecen este trastorno.

Sin duda, la depresión es única e irrepetible en cada caso y hay un sinfín de razones para que aparezca, no obstante, el factor común es que la persona esté triste, enojada, desmotivada, desganada, ansiosa, lenta, sin ganas de vivir y no piensa claramente.

Si estos síntomas no tienen nada que ver con las causas físicas mencionadas anteriormente, la depresión, entonces, tiene mucho que ver con la desconexión con el mundo. Por ejemplo: Es como si tu enchufe a la fuente de vida se hubiera desconectado por diversas situaciones y esa interrupción te quitara las ganas de vivir.

La desconexión con los demás y con la fuente de amor es lo que lleva a millones de personas a sufrir la depresión clínica y llegar al suicidio. Desde este punto de vista, la primera conexión de la vida son los padres, por lo tanto, su responsabilidad es mantener una sana conexión con sus hijos. Al tener este vínculo fuerte con ellos, estarán eliminando miles de posibilidades de que se depriman y que, en casos graves, ya no quieran vivir, pues al tener una raíz fuerte, encontrarán soluciones a los problemas que se les presenten y su ilusión de vivir será más resistente que cualquier frustración.

En una ocasión, una mamá se me acercó al final de una conferencia para contarme los efectos terribles del *bullying* que sufría su hijo de ocho años y lo triste que se sentía. Me explicaba, llorando, que su niño había caído en una profunda depresión y que no quería salir de su cuarto ni asistir a la escuela. Entonces le pregunté: «Y tú, ¿qué le has dicho?» Solo respondió: «Nada, no sé qué decirle, así que le compré un iPad para que se distrajera». O sea que en la era moderna se trata la depresión con ¡desconexión y evasión! Es decir, se trata de no pensar ni hablar de lo que sucede. Por sentido común, es lo peor que se puede hacer, ya que la enfermedad, en sí misma, es una desconexión, una forma de sentir que no perteneces, y de ese modo se aísla el alma de los hijos a través del entretenimiento tecnológico haciendo que esta desconexión se haga cada vez mayor y la depresión también.

Ante esta realidad, y por experiencia propia —ya que tuve un comienzo de vida atropellado en el que padecí depresión durante mi juventud y posteriormente en un accidente estuve a punto de morir— años después y con tres hijos, he generado un método que ha servido a cientos de personas para encontrar la manera de conectar de nuevo con sus hijos y así formarlos con principios y valores universales, pensados por Aristóteles[6], como la Ética, que es la aplicación de la moral con el fin de bienvivir.

Vivir con valores nos hace vivir bien. Y repito, para inculcárselos es imprescindible conocer la personalidad de cada uno de ellos y tener una conexión, pues nadie puede influir en aquello que le es ajeno.

La primera parte de este libro describe la fórmula que he desarrollado para conocer la personalidad propia y la de tus hijos. La segunda parte trata del método que he creado basado en cuáles deben ser los **8** valores para la crianza efectiva.

Aclaro que, lo que aquí expreso, son teorías sustentadas por Aristóteles, Piaget, Lawrence Kohlberg[7], Enrique Rojas[8], Richard Bandler[9], Platón[10], Hipócrates[11], Galeno[12], las hermanas Barnetche[13] y Lise Bourbeau[14] entre otros.

---

6. Filósofo, polímata y científico griego (384 a.C-322 a. C).

7. Psicólogo estadounidense (1927-1987).

8. Psiquiatra español (1949-).

9. Cofundador de un modelo conocido como Programación Neurolingüística (1950-).

10. Filósofo griego (427 a.C. – 347 a.C).

11. Médico griego (460 a.C.-370 a.C.).

12. Médico, cirujano y filósofo griego en el Imperio Romano. Considerado uno de los más completos investigadores médicos de la Edad Antigua (129 - 201/216).

13. Autoras del libro «*Libre del pasado para ser feliz: Sanando desde el nacimiento*», Ed. Nueva Imagen. Elía y Ma. Esther son psicólogas e investigadores.

14. Ensayista canadiense sobre el tema de Desarrollo Personal (1941-).

Las teorías que he estudiado, desarrollado, comprobado y expuesto en cientos de conferencias impartidas y once libros previamente publicados, las expongo en este método único **que puede cambiar tu vida y la de tus hijos si así lo elijes.**

Para obtener el máximo provecho de estas páginas y comenzar una crianza efectiva, te invito a que realices tranquilamente los ejercicios, respondas con la verdad los *tests*, para que tengas la información necesaria y así guiar a tus hijos como lo hacen las mamás patas con sus patitos, es decir, sin titubear, y orientarlos con base en lo que es importante para ti, en la verdad y en el amor. Sobre todo, en el amor.

Capítulo 2
Procrear y cocrear

Los hijos son tesoros en nuestras manos,
que esperan la luz de nuestro amor para florecer.

Trixia Valle

Para comenzar, es importante distinguir entre los términos procrear y co-crear[15], pues la maternidad y la paternidad son mucho más que la procreación, es la formación de un nuevo ser en el mundo que necesita guía, límites y valores, para poder bienvivir.

El término procrear, se define textualmente en el Diccionario de la Real Academia Española como: «Tener descendencia [una persona o un animal] por medio de la reproducción sexual». De esta manera la procreación solo conlleva el hecho de tener un hijo por medio de una relación carnal, que da como resultado la concepción para reproducir la especie.

---

15. Es un término muy utilizado en el mundo del *marketing* y la innovación; consiste en que las empresas permitan que sus clientes les ayuden a hacer su producto, de tal manera que el resultado final sea algo ajustado a sus preferencias y con todos los elementos que el mismo cliente ayudó a construir.

El término co-creación es una de las herramientas más efectivas para contribuir a cambiar una cultura, generar sentido de pertenencia en los hijos y construir ambientes de desarrollo, bienestar e innovación. **Co-crear no es hacer algo juntos, es estar haciendo algo juntos.** En la vida, aprendemos de nuestros padres y ellos de nosotros, así es como co-creamos. Su herramienta principal es la comunicación que surge de la empatía, de ver al otro, de vernos a nosotros mismos, de comprender a los demás y a nosotros mismos.

Mi hijo mayor acaba de cumplir 21 años y me siento muy feliz al haber co-creado con su padre su educación, pues a lo largo de este tiempo nos conocimos y aprendimos juntos, para tener la relación amorosa que hoy tenemos. Actualmente veo a un joven autónomo, completo, formado y amoroso, que se ha convertido en mi gratificación después de 7,665 días diciéndole: «Baja los codos de la mesa», «controla tu carácter», «di gracias y por favor», «discúlpate con tus hermanos…» Y vaya que cada uno valió la pena. Yo le enseñé, pero, sin duda, él me enseñó más a mí, así como sus hermanos Ximena y Alex.

El método de 8 valores para la crianza efectiva (nótese que dije **«efectiva»,** mas no perfecta) no consiste en ser perfecto y tener estándares de perfección que solo causan sufrimiento, pues todos nos equivocamos. Estoy segura que muchos padres nos hemos ido a dormir con remordimientos por haber hecho algo incorrecto y también nos hemos tenido que disculpar al menos una vez. Más bien, el método tiene su base en la importancia de conocernos a nosotros mismos, para así tener el control de nuestra vida que nos lleve a actuar correctamente en las situaciones buenas y malas con eficiencia y valores.

Si eres papá o mamá, es importante que sepas que tu obligación es apoyar a tus hijos en su autoconocimiento y conocerte tú también, pues, si son pequeños, necesitan ser guiados, necesitan respuestas a sus preguntas y no más preguntas.

Un papá desesperado me escribió a través de mis redes sociales para contarme que no tenía tres hijos, ¡sino cuatro!, ya que su esposa se comportaba como una niña más, hacía rabietas y carecía de conceptos firmes para criar a sus hijos, pues el equilibrio de la casa dependía de su humor y antojos. Si ella quería un helado y aunque sus hijos se hubieran portado mal, los sacaba a pasear a pesar de haberlos amenazado con castigarlos; pero, si estaba de mal humor, era grosera e injusta con ellos.

El desequilibrio en su casa aumentaba cada día y no sabía qué hacer. Le sugerí lo típico, que hablara con su esposa y que pusieran las reglas juntos, pero ella lo evadía o minimizaba sus comentarios. Entonces le ofrecí tratar a su esposa en *coaching* privado, para descubrir lo que estaba sucediendo, pues ahora una de sus hijas estaba sufriendo un *bullying* terrible y su esposa, a su vez, se había peleado con todas las mamás de la escuela para apoyar a su hija.

Cuando la señora vino a *coaching*, se comportó mal y además estaba enojada por el hecho de hablar conmigo, pues pensaba que todo estaba bien en su casa y que su forma de criar a sus hijos era perfecta. Así que decidí hablar solo de su hija y comencé con la siguiente pregunta: «¿Cómo les va a tus hijos con sus amigos?» Su respuesta fue rápida y emocional y comenzó prácticamente a describirme cada detalle de los desprecios y humillaciones que habían pasado sus hijos, lo malo que eran los maestros y las reglas injustas que imponía la escuela. Más bien parecía que ella era quien asistía a la escuela y estaba más afectada que sus propios hijos.

Mi siguiente pregunta fue: «¿A ti cómo te fue en la escuela?», en ese momento su mirada se endureció y de nuevo se negó a hablar, alegando que ese tema no tenía nada que ver con sus hijos, la miré profundamente y le dije: «¿Te das cuenta de que el miedo al rechazo es tuyo y no de tus hijos?» Se quedó en silencio y se puso a llorar durante varios minutos. Cuando se calmó me dijo: «Es justo lo que no quería que vivieran».

Con esta historia te quiero compartir que los padres hacemos lo mejor que está a nuestro alcance para guiar a nuestros hijos. Sin embargo, de manera subconsciente, existe una gran tendencia a pasarles nuestros traumas y miedos. Por lo tanto, lo primero que hay que hacer al tener un hijo es conocer nuestra personalidad, arreglar nuestra psicología personal, nuestra historia y curarla, ya que siempre va a estar presente en nuestras vidas y puede sanar si abrimos nuestro corazón.

Cabe mencionar que somos seres materiales y espirituales con voluntad y libre albedrío, que es importante conocer y alimentar tal y como lo hacemos con el cuerpo.

Los seres humanos necesitamos paz, aceptación, amor, tolerancia, respeto a nosotros mismos y a los demás, y bondad y alegría para trascender. Los padres necesitamos conocer lo que vemos en nuestros hijos para poder guiar y moldear su personalidad, para hacerlo, es importante comenzar con nosotros mismos.

Tener un hijo es la mejor forma de trascender, no solo por el hecho de dar vida, sino porque al guiarlo, co-creamos una experiencia de aprendizaje y amor para ambos que nos hace ser mejores.

Capítulo 3
El temperamento y cómo descubrirlo

Lo que alimentas dentro de ti, es lo que crece.

JOHANN WOLFGANG VON GOETHE [16]

El término **temperamento** proviene del latín *temperamentum*, que significa «medida». Es esa particularidad la que define quiénes somos, es decir, la intensidad individual de nuestra mente, humor y motivación. Es la manera natural en la que interactúa un ser humano con el entorno pues es su esencia hereditaria, es con lo que ha nacido y no influyen factores externos, ya que está basado en las características del tipo de sistema nervioso.

El temperamento está relacionado con la influencia hormonal, debido a la carga genética que tenemos, y se manifiesta en determinados rasgos físicos y psicológicos.

El **temperamento** y el **carácter** definen la **personalidad** del ser humano y la diferente combinación e intensidad de ambos se manifiestan en nuestras distintas áreas, es lo que nos hace seres únicos.

---

16. Dramaturgo, novelista, poeta y naturalista alemán (1749-1832).

Todo ser humano nace con un temperamento específico; de acuerdo con los médicos griegos Hipócrates y Galeno[17] se dividen en cuatro tipos:

1. **Sanguíneos:** Son las personas vivaces y activas que tienen un humor muy variable.
2. **Melancólicos:** Son las personas introspectivas y soñadoras.
3. **Coléricos:** Son las personas cuyo humor se caracteriza por una voluntad férrea y sentimientos impulsivos.
4. **Flemáticos:** Son las personas que les gusta llevarse bien con todos, se demoran algún tiempo en la toma de decisiones, y son afables y agradables.

El estudio del temperamento ocupaba ya un papel importante en la psicología anterior al siglo xx. Actualmente tiene un gran valor y es de gran utilidad para las personas que están en búsqueda de dar mayor sentido a su vida a través del autoconocimiento, por ende, les es necesario saber cuál es su expresión temperamental.

A lo anterior se suma la teoría de Iván Pávlov[18], quien afirmó que las características del temperamento están dadas por el sistema nervioso que, a su vez, tiene tres determinantes: fuerza, equilibrio y velocidad de respuesta. De ahí que su combinación da origen a los tipos de sistema nervioso de cada temperamento:

1. Sistema nervioso rápido y equilibrado: **Sanguíneo**
2. Sistema nervioso lento y equilibrado: **Flemático**
3. Sistema nervioso débil: **Melancólico**
4. Sistema nervioso fuerte, rápido y desequilibrado: **Colérico**

---

17. Su clasificación se sigue utilizando en la actualidad.
18. Fisiólogo ruso (1849-1936).

Con base en estas descripciones, he diseñado un *test* para que sepas qué tipo de temperamento tienes y cuál tienen tus hijos y demás personas que te interesa conocer más a fondo. Te recomiendo que te tomes el tiempo necesario para responder las preguntas con honestidad e, incluso, para que puedas preguntar a tus familiares si eres de esa manera y puedas verificar que tu percepción está acorde a lo que los demás perciben. ¿Listo?

Señala la respuesta que más te identifica con cada situación. Responde lo primero que te venga en mente, ya que de ahí descubrirás lo que hay reamente en ti.

1. ¿Te gusta organizar fiestas?
   a. Sí, siempre animo a los demás a festejar.
   b. Me gusta ir, pero no organizar.
   c. Si todos organizan participo, si no, me hago a un lado.
   d. No me gustan las fiestas ni organizarlas.

2. ¿Te gusta escuchar nuevas ideas?
   a. Muchísimo, siempre estoy abierto a escuchar.
   b. Sí escucho, pero me gusta dar mi punto de vista.
   c. Siempre digo que estoy de acuerdo, aunque no lo esté.
   d. Prefiero mantenerme al margen.

3. ¿Cómo tomas una decisión?
   a. Con base en cómo me siento, sin analizar.
   b. Reacciono con base en lo que me «late».
   c. Pienso mucho las decisiones, incluso a veces no decido.
   d. Cuando pienso mucho en algo, me deprimo.

4. ¿Qué tan comunicativo eres?
   a. Muchísimo, platico con todos, aunque no los conozca.
   b. Casi siempre hablo yo y no me gusta escuchar a otros.
   c. Me gusta escuchar las historias de los demás.
   d. Soy reservado con mis cosas.

5. ¿Qué tan frecuentemente te enojas?
   a. Poco, no me engancho con facilidad.
   b. Mucho, pero se me pasa muy rápido.
   c. Casi nunca me enojo.
   d. Me enojo, pero no lo digo y pienso mucho en esa situación, aunque pase el tiempo.

6. ¿Qué estilo prefieres?
   a. Alegre.
   b. Creativo.
   c. Tolerante.
   d. Dedicado.

7. ¿Te gusta ser el centro de atención?
   a. Prefiero ser parte de un grupo.
   b. Me encanta ser el centro de atención.
   c. Doy su lugar a los demás y no protagonizo.
   d. Soy aislado.

8. ¿Cómo te llevas con los demás?
   a. Siempre festejo los logros de los demás.
   b. Me encanta decir a todos lo que tienen que hacer.
   c. Me gusta que me dirijan.
   d. Prefiero estar con pocas personas.

9. Cuándo estás haciendo algo muy concentrado y te interrumpen...
   a. Agradezco la interrupción para platicar.
   b. Le pido a la persona que no interrumpa.
   c. Dejo lo que estaba haciendo y me relajo.
   d. Me molesto mucho y me voy a otro lado.

10. ¿Cómo te organizas para hacer planes?
    a. Con mucho entusiasmo, pero no actúo.

b. Yo organizo todo.

c. Hago lo que la mayoría quiera.

d. Prefiero no meterme.

11. La gente dice que eres…
   a. Muy sociable.
   b. Mandón.
   c. Indeciso.
   d. Artístico.

12. En una fiesta tú…
   a. Te la pasas bailando.
   b. Platicas de tus aventuras con un grupo.
   c. Escuchas a los demás y bailas en bola.
   d. Te quedas con alguien todo el tiempo platicando.

13. Cuando te enojas, los demás…
   a. Saben que se me pasará rápido y bromean conmigo.
   b. Se alejan de mí.
   c. Casi nunca me enojo.
   d. Me tratan de contentar porque los hago sentir mal.

14. Respecto a los planes…
   a. Cambio mucho de opinión.
   b. Sé perfectamente lo que quiero y lo hago.
   c. Dejo que los demás decidan.
   d. No me gusta compartir mis planes, no los tengo claros.

15. Si estás feliz…
   a. Lo posteas y los demás lo saben.
   b. Me guardo mis emociones.
   c. Siempre estoy feliz.
   d. Me cuesta trabajo expresarlo.

16. ¿Cómo te sientes por lo regular?
   a. Alegre.
   b. Es fácil hacerme enojar.
   c. Estable.
   d. Triste.

Ahora, cuenta tus respuestas. Anota cuántas respuestas a, b, c, y d tienes:
   a. _____
   b. _____
   c. _____
   d. _____

Si respondiste a la mayoría con **a)**:

Temperamento sanguíneo

Este temperamento está basado en un tipo de sistema nervioso rápido y equilibrado que se caracteriza por poseer una alta sensibilidad, le gusta estar en actividad mental y física. Pasa de la actividad a la reactividad con moderación. Las personas bajo este temperamento son extrovertidos y flexibles ante los cambios de ambiente.

Características de las personas con temperamento sanguíneo
- Son cálidas, campantes y vivaces.
- Disfrutan de la vida siempre que se puede.
- Son receptivas por naturaleza, les gusta estar abiertas, experimentar nuevas emociones y conocer a otras personas.
- Tienden a tomar decisiones basándose en los sentimientos más que en la reflexión.
- Son muy comunicativas y extrovertidas.
- Tienen una capacidad insólita para disfrutar y, por lo general, contagian a los demás su espíritu, ya que son amantes de la diversión.

- Por lo general son muy activas e intuitivas.

Si respondiste a la mayoría con **b)**:

Temperamento colérico

Está basado en un tipo de sistema nervioso rápido y desequilibrado, por lo que las personas bajo este temperamento reaccionan impulsivamente ante las diversas situaciones. Poseen alta sensibilidad y un nivel alto de actividad y concentración de la atención. No les agrada demasiado que existan cambios de ambiente, porque les gusta mantener el control. Cuando se les dice algo que les fastidia o desagrada, tienden a interrumpir para callar de forma violenta a las personas que se lo dicen. Son rápidos, muy activos, prácticos en sus decisiones, autosuficientes y, sobre todo, independientes. Se fijan metas y objetivos altos porque son muy ambiciosos. Valoran las situaciones rápida e intuitivamente y no reconocen los posibles tropiezos y obstáculos que pueden encontrar en el camino si buscan lograr una meta.

Características de las personas con temperamento colérico

- Son activas, prácticas, voluntariosas, autosuficientes y muy independientes.
- Tienden a ser decididas y tienen opiniones firmes, tanto para sí mismas como para otras personas y, usualmente, tratan de imponerlas.
- Son moderadamente extrovertidas.
- Prefieren la actividad, lo que las hace estar en constante movimiento e innovación.
- No necesitan ser estimuladas por su ambiente, sino que más bien lo estimulan ellas con sus muchas ideas, planes y metas.
- Tienden a fijarse metas muy altas, porque consideran que son capaces, pero no siempre las cumplen, no por falta de capacidad, sino de tiempo o porque pierden el interés.

- Son dominantes y hasta manipuladores con tal de alcanzar su objetivo.
- Tienden a ser intolerantes y poco abiertas a nuevas ideas.
- Quieren hacer todo lo que desean.
- Tienen una voluntad muy fuerte y decidida, comúnmente se convierten en líderes.

Si respondiste a la mayoría con **c):**

Temperamento flemático

Basado en un tipo de sistema nervioso lento y equilibrado que se caracteriza por pensar bien las cosas antes de hacerlas. Los que presentan este temperamento tienen una sensibilidad baja, pero una alta actividad y concentración de la atención. Son introvertidos y poseen baja flexibilidad a los cambios de ambiente, les gusta la rutina y lo conocido.

Son tranquilos, casi nunca pierden la compostura y pocas veces demuestran enojo. Por su equilibrio, es el más agradable de todos los temperamentos y se llevan bien con la mayoría de las personas, pues son flexibles y abiertos. Tratan de no involucrarse demasiado en las actividades de los demás, respetan a cada quien en sus formas y opiniones. Son simpáticos y tienen una buena elocuencia, es decir, hablan muy bien. No buscan ser líderes, sin embargo, pueden llegar a ser muy capaces para guiar a los demás por su buen juicio.

Características de las personas con temperamento flemático

- Son calmadas, tranquilas, nunca se descomponen. Además, tienen un punto de ebullición tan elevado que casi nunca se enfadan.
- Son serias, impasibles y altamente racionales.
- Son calculadoras y analíticas.

- Generalmente son muy capaces y equilibradas.
- Son fáciles de tratar y por esa naturaleza es el más agradable de los temperamentos.
- Son frías en cuanto a las decisiones y se toman su tiempo para llevarlas a cabo.
- Prefieren vivir una existencia feliz, placentera y sin estridencias, hasta el punto de que llegan a involucrarse en la vida lo menos que pueden.
- No les gusta juzgar ni opinar sobre los demás.

Si respondiste a la mayoría con **d)**:

Temperamento melancólico

Basado en un tipo de sistema nervioso bajo, que posee una sensibilidad muy alta, un bajo nivel de actividad y prefieren concentrarse por largas horas en tareas o análisis que requieran su atención. Las personas bajo este temperamento tienen una reactividad baja ante los estímulos y piensan mucho las cosas. Son introvertidas y las caracteriza una baja flexibilidad a los cambios en el ambiente.

Son perfeccionistas y analíticas. Son muy sensibles emocionalmente y sienten mucho lo que sucede. Son propensas a ser introvertidas, sin embargo, pueden actuar de forma extrovertida. No se acercan a conocer gente, sino dejan que la gente venga a ellas. Sus tendencias perfeccionistas y su buen juicio hacen que sean confiables, pues son leales por naturaleza. Poseen una fuerte voluntad que les ayuda a terminar lo que comienzan, aunque es difícil convencerlas de iniciar algún proyecto, debido a que consideran todos los pros y contras antes de aceptar participar.

Características de las personas con temperamento melancólico

- Tienen un temperamento complejo, porque al ser sensibles captan hasta los últimos detalles de cada situación.

- Suelen ser analíticas y perfeccionistas.
- Son de una naturaleza emocional muy sensible, predispuestas a veces a la depresión.
- Disfrutan mucho de las artes y tienen un fuerte lado artístico hacia la música, la pintura, el canto, la escritura, etc.
- Son propensas a la introversión, pero debido al predominio de sus sentimientos, pueden adquirir toda una variedad de talentos.
- En ocasiones pueden ser pesimistas.
- Pueden tener cambios emocionales bruscos, por lo que en ocasiones pueden enojarse fácilmente.
- No les gusta que las interrumpan cuando se concentran en algo que es importante para ellas.
- Se enamoran con facilidad y muy seriamente.

Dos tipos de temperamento

¿TIENES UN TEMPERAMENTO ABEJA U HORMIGA?

SANGUÍNEOS
COLÉRICOS

FLEMÁTICOS
MELANCÓLICOS

De acuerdo a los cuatro tipos de temperamento, y para hacer la clasificación más sencilla para los niños pequeños, he agrupado los temperamentos en dos distintos personajes, basándome en mis investigaciones realizadas por más de diez años en escuelas y de forma personal con un sinfín de niños que han llegado a mí en busca de ayuda.

Estos cuatro temperamentos de Hipócrates y Galeno quedan agrupados entonces en estos dos:

ABEJA	HORMIGA
Coléricos	Flemáticos
Sanguíneos	Melancólicos

Los temperamentos **abeja** tienden a interactuar con sus compañeros de forma energética, puesto que su nivel de extroversión, actividad y apertura, es mayor que los temperamentos **hormiga**, quienes tienden hacia la introversión y a ser más tranquilos y pasivos.

En la convivencia diaria ambos temperamentos interactuan y se pueden suscitar ambientes escolares complejos al desconocer la naturaleza y esencia de cada uno de ellos.

Por ello, es importante conocer el temperamento de nuestros hijos, para que sepamos qué elementos de carácter hay que reforzar en cada uno. Toda buena relación intrapersonal comienza con el autoconocimiento que es la base de una relación sana con nosotros mismos, para así poder socializar con los demás de manera efectiva y armoniosa.

Los rasgos de las personalidades ABEJA, en términos de relaciones interpersonales (tu relación con los demás), son:

1. Abiertos, activos, vivaces.
2. Extrovertidos y juguetones, tienden a hacer bromas.
3. Les gusta trabajar solos para después incorporarse al grupo.
4. En caso de trabajar en equipo, les gusta llevar la voz cantante.
5. Son inquietos y les cuesta trabajo seguir instrucciones.

6. Son de rápida acción y se aburren fácilmente.
7. Cuando llegan a tener un enfrentamiento, son impulsivos, pero de igual manera se arrepienten rápidamente.
8. Cuando se dan cuenta de que tienen una conducta negativa, se sienten mal con ellos mismos y tienden a estar a la defensiva, por ende, es muy importante hablar con ellos sobre «el hecho» y no sobre su personalidad. Es decir, aislar el error de la persona.
9. Son desordenados y tienden a dejar las cosas a la mitad por aburrimiento, les gusta la novedad.
10. Tienden a confrontar y pueden llegar a intimidar a los demás.

Los rasgos de las personalidades HORMIGA, en términos de relaciones interpersonales (tu relación con los demás), son:

1. Introvertidos, tranquilos y cerrados.
2. Siguen instrucciones al pie de la letra.
3. Son dedicados cuando están trabajando y no les gusta que los interrumpan.
4. Les gusta trabajar en equipo y seguir instrucciones.
5. Cuando se enojan se quedan callados, pero comienzan a albergar sentimientos negativos contra la persona que los ha herido.
6. Se asustan con los temperamentos **abeja** y tienden a quedarse callados.
7. No les gustan los gritos ni la actividad extrema.
8. Les cuesta trabajo hablar en público, a menos que sea en grupo.
9. Son ordenados y les gusta terminar su trabajo, tienden a ser perfeccionistas.
10. No les gustan los problemas y se mantienen al margen de las agresiones.

Con estas características resulta sencillo identificar qué tipo de hijos o alumnos tenemos con nosotros, desde las más tiernas edades. En mi cuento «*Basta, no me piques*», que les comparto aquí adelante, explico a los niños de manera sencilla que existen estos temperamentos y se da la pauta de convivencia con base en los límites.

¡Basta, no me piques!

Bully abeja es una abeja que revolotea y alborota a todas sus amigas cerca del panal; les gusta zumbar y zumbar, picar y picar.

Las hormigas amigas son sus vecinas, viven justo abajo del panal y nunca a ellas han conseguido picar.

Aunque hormigas amigas están organizadas y unidas, sienten miedo al oírlas zumbar.

¡No me piques, no me piques Bully abeja, porque, ¿qué será de mí?!

Si una vez me picas, sé que no vas a parar, por eso mejor me alejo, dejándote pasar. Mas un día la lechuza, desde el árbol vecino, dijo a las hormigas que al miedo no debían dejar dominar. Pues cuando el miedo domina, deja al mal entrar. Por ello las abejas su zumbido debían controlar, para evitar el miedo que hiciera a todos explotar. Así las hormigas amigas marcharon para manifestar: ¡Basta, no me puedes maltratar! Las bully abejas no bajaron más a molestar, pues cuando hay valor nadie puede sobrepasar. Aunque bully abeja y hormiga amiga tal vez no serán amigas, siempre entre ellas se pueden sonreír y respetar.

Con este cuento comprendemos que los temperamentos **abeja** necesitan **modular su actividad** y enfatizar el **respeto** a los demás, pues requieren fortalecer la **prudencia** y la **empatía** al darse cuenta de que están lastimando «sin querer» a alguien. Los límites son hacia su persona en relación con los demás, por lo que es prioritario establecer el **autocontrol** para la sana convivencia.

Los temperamentos **hormiga** requieren **poner límites a los demás**, aprender a decir lo que les gusta y lo que no con seguridad y así evitar sentirse excluidos o molestos. La asertividad y el **autorrespeto** son los valores necesarios a enfatizar en la formación de este tipo de temperamento, para que estos niños puedan convivir en armonía y eviten abusos de los demás. Hay que reforzar que tienen que hablar claro y con energía cuando algo no les gusta con el ejercicio que he diseñado y que más de dos millones de personas ya han aprendido, se llama: **¡Basta!** Y aquí te lo comparto. (Lo puedes ver también en www.trixiavalle.com)

Ejercicio de empoderamiento ¡Basta!

1. Separar las piernas a la altura de los hombros para estar en el centro de equilibrio.
2. Rotar los hombros hacia atrás para abrir la espalda.
3. Poner las manos a los costados con las palmas abiertas mirando al frente.
4. Doblar un poco las rodillas para anclar el cuerpo.
5. Realizar una aspiración profunda.
6. Exhalar y decir **¡Basta!**
7. Repetir quince veces el ejercicio.

Este ejercicio refuerza el empoderamiento y fortalece la seguridad personal, ha ayudado a millones de personas a poner límites y ser asertivas al decir con firmeza lo que quieren y lo que sienten. Esta es la base de las habilidades socioemocionales que nos apoyan al decir lo que sentimos, pues si las reprimimos, las emociones se enferman y los problemas emocionales y socioemocionales pueden aparecer.

¡Muy bien! Una vez que hemos aprendido todo sobre el temperamento, podemos continuar hacia los demás aspectos de la personalidad. Así obtendremos una radiografía de lo que somos y podremos tener la capa **instintivo-afectiva de la personalidad**, sobre la cual la inteligencia y la voluntad modelarán el carácter, en el que sí influye el ambiente.

1. La habilidad para adaptarse.
2. El estado de ánimo.
3. La intensidad al reaccionar.
4. El nivel de actividad.
5. La accesibilidad (qué tan fácil es hablar con la persona).
6. La regularidad (la disciplina al hacer las cosas).

Como recordatorio, el temperamento es la naturaleza general de la personalidad de un individuo basada en las características del tipo de sistema nervioso.

Anota:

¿Cuál es tu tipo de temperamento?

....

....

....

¿Cuál es el temperamento con el que más te cuesta trabajo interactuar?

....

....

....

¿Qué acciones son necesarias para fortalecer tu temperamento y hacer más fácil la convivencia con los demás?

....

....

....

¿Qué valores son necesarios para regular tu temperamento?

....

....

....

Este mismo análisis lo puedes realizar con tus seres queridos: Hijos, pareja, padres, amigos; ya que sirve para que los conozcas mejor y así generes relaciones más sanas y de convivencia armoniosa.

Capítulo 4
La huella de nacimiento

Un bebé representa la opinión de Dios
de que el mundo debe continuar.

Carl Sandburg[19]

Hace aproximadamente un año la nutrióloga Montserrat Garralda me acercó un texto que verdaderamente cambió mi vida, y se los súper recomiendo, se titula *«Libre del pasado para ser feliz»*, de la doctora María Esther Barnetche Pous. Me abrió las puertas a un conocimiento maravilloso llamado **la huella de nacimiento,** que es la marca en el subconsciente que delimita nuestra **reacción primaria, instintiva y automática** ante la vida, basada en la experiencia de la concepción, percepción en el útero y nacimiento, así como los primeros días de nuestra vida en la Tierra.

---

19. Poeta, historiador y novelista estadounidense (1878-1967).

Huella de nacimiento

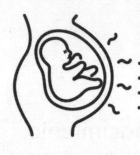

• **Es el impacto del bebé desde el embarazo hasta el parto**

• ¿Cómo se recibió la noticia?
• ¿Usaron fórceps?
• ¿Fue cesárea?
• ¿Cesárea innecesaria?

• **Es la forma de llegar al mundo desde el primer latido hasta la primera respiración**

El primero en hablar acerca del trauma del nacimiento fue el psicoanalista austriaco Otto Rank[20], que dice que el solo hecho de nacer implica el primer trauma que vive el ser humano, pues significa una separación abrupta de la madre y el paso súbito de un entorno totalmente protector a uno más hostil. Es decir, el bebé está muy cómodo en la panza de mamá, calientito y sin hambre, y de pronto tiene que cubrir sus necesidades conforme se vayan presentando. También considera que el trauma del nacimiento es el primer capítulo de la neurosis, lo que da origen a una angustia esencial que acompañará al ser humano toda su vida.

Sigmund Freud[21] también propuso la idea de que la **sintomatología de la angustia** puede estar relacionada con el trauma del nacimiento. Por ende, no está claro si los recuerdos del nacimiento son de carácter individual o genético. El tema es que se menciona al nacimiento como parte primordial de la vida de una persona y la formación de su personalidad.

---

20. (1884-1939).

21. Médico neurólogo austriaco, padre del psicoanálisis (1856-1939).

La situación traumática de echar de menos a la madre
difiere en un aspecto importante de la situación
traumática del nacimiento. Al nacer no existía ningún
objeto, por lo que ningún objeto puede ser echado de
menos. La angustia fue la única reacción que se
produjo.

FREUD

La experiencia del nacimiento, con base en lo dicho por Freud, no tiene nada que ver con ninguna clase de conciencia de la separación de la madre, sino de su cuerpo, por ende, es posible postular cierto estado mental para el no nacido donde si las cosas van bien, el desarrollo personal del yo del pequeño no se verá trastornado en su aspecto emocional y físico. Desde antes del nacimiento el pequeño está preparado para sufrir algún ataque del medio ambiente, pues ya ha vivido la experiencia de un retorno natural desde la reacción a un estado en que no es necesario reaccionar, único estado en el que el ser puede empezar a existir, que se da por primera vez al nacer.

Por su parte, la psicóloga Phyllis Greenacre[22] apunta lo siguiente: «Parece que el efecto general del nacimiento es, por medio de su enorme estimulación sensorial, organizar y convertir el narcisismo fetal, produciendo o promoviendo un impulso narcisista propulsivo además del tipo más relajado de proceso de maduración fetal que ha existido en el útero.»

Todas estas teorías las enumero para regresar a los estudios de la doctora Barnetche, puesto que es quien ha desarrollado esta teoría de la **huella de nacimiento** con base en el estudio de varios casos reales de personas que han sanado al conocer este impacto en su personalidad.

---

22. Psicoanalista y médica estadounidense (1894-1989).

En resumen: La forma en que fuimos concebidos, cómo fue la **aceptación** recibida en el embarazo y cómo fue el parto o cesárea, tendrán un impacto en el subconsciente en cuanto a nuestra **actitud** constante ante la vida. Es el motor del disco duro de nuestra mente que genera una postura que no sabemos con base en qué existe, pero existe debido a esta experiencia intrauterina con nuestra madre y por el esfuerzo al nacer.

Concepción

Cuando un bebé fue concebido con hostilidad, como en el caso de una violación, su primer contacto con la vida es de agresión y de violencia, por lo que suele pasar que su impulso automático ante la vida sea agresivo.

También puede suceder que tenga un rechazo inherente cuando el padre no está presente o no se hace responsable de él.

Por el contrario, cuando un bebé fue concebido con amor, dentro de una pareja comprometida y dispuesta a dar vida, este primer evento se convierte en aceptación hacia la propia vida y todo lo que venga con ella.

Embarazo

Cuando en el embarazo el progenitor hombre rechaza al bebé e incluso humilla a la mujer diciéndole que «no es su hijo», tiende a haber un dolor muy fuerte en la madre que se puede trasladar al bebé como **rechazo**. Esta huella se agudiza mayormente si en el proceso existen intentos de aborto.

En caso de que la pareja, o alguno de los progenitores, haya acogido con mucho amor al bebé, pero con **miedo** frente a la ignorancia de cómo criarlo, los sentimientos son transmitidos al no nacido por medio del cordón umbilical, ya que de esta manera le está condicionando su **seguridad** en la vida, pues sus progenitores, en especial la madre, le está constantemente comunicando sus temores a través de los neuropéptidos, que son las sustancias que se generan en el cerebro y pasan al organismo como químicos que condicionan las emociones.

La situación ideal del embarazo consiste en dar al bebé una completa aceptación, seguridad y amor por parte de los padres. Entre más ilusión sienta la madre de dar a luz, mayor seguridad tendrá el niño al enfrentar la vida, que se traducirá en un gran beneficio para su desarrollo futuro.

Situaciones en el embarazo

Aunado a la reacción ante el conocimiento del embarazo, existen factores externos biológicos y sociales que afectan los sentimientos de la madre que se transmiten al bebé por medio de los neuropéptidos.

Por ello, si en el embarazo la madre es maltratada o golpeada por la pareja u otras personas, la tendencia del niño al nacer será de profundo rechazo y angustia al escuchar la voz del agresor. Si la madre sufre algún accidente o acto delictivo cuando está embarazada, el miedo que se genera en ese momento se traslada al bebé como un temor profundo de venir al mundo debido al grado de alteración durante este suceso.

Otras situaciones como enfermedades tipo diabetes gestacional o preclamsia, amenaza de aborto natural o uso de medicamentos, condicionan la salud de la criatura, quien necesitará muchas palabras de aliento por parte de su madre acompañadas de música clásica, para poder contrarrestar los efectos de estas circunstancias. En el caso de adicciones como alcoholismo, tabaquismo o drogadicción por parte de la madre, se trasladarán de manera directa como predisposición para que el no nacido las tenga cuando nazca. Por ello, es muy importante cuidar la **salud física** en el embarazo, pues es cuando la madre está más en contacto con esa futura nueva vida.

Nacimiento

Cuando ha llegado el momento de nacer, es muy importante la manera en que el niño viene, pues el primer esfuerzo que debe realizar es empujar con sus piecitos su salida al mundo mediante el alumbramiento. Cuando no se permite que lo haga y se practica una cesárea innecesaria, existirá la tendencia a que no se esmere en la vida, pues su primer trabajo que fue nacer no lo hizo, aunque pudiera haberlo realizado.

Cuando la cesárea es obligada, pues existe un riesgo para el bebé o la madre, no existirá esta huella profunda de no haberse esforzado en el nacimiento. Sin embargo, también se presentará la tendencia a dejar las cosas sin concluir, por lo que su formación deberá estar relacionada con el cumplimento de objetivos en detalles tan sencillos como terminar sus alimentos o recoger sus juguetes. De esta manera, se puede ir configurando su capacidad de finalizar y cumplir sus objetivos. Por ello, **para sanar la huella de nacimiento** se requiere moldear el carácter con disciplina y constancia, sin importar lo que haya sucedido antes.

En el caso de una cesárea dolorosa para el bebé, por sufrimiento fetal o por algún accidente médico, la tendencia hacia una postura **defensiva** en la vida, surge por este primer contacto con el mundo.

Así fue mi propio caso: Nací de ocho meses, por ende, fue necesario practicar una cesárea porque además yo venía sentada y no había manera de que mi mamá tuviera un parto natural. El cirujano, por descuido, me cortó una de mis piernitas con el bisturí y me la tuvieron que coser. Hasta la fecha tengo una cicatriz de aproximadamente ocho cm. Yo no entendía nada de esto hasta poco antes de escribir este libro, pero en cuanto supe de la **huella de nacimiento** entendí por qué siempre estaba a la defensiva, y me pude liberar. ¡Sí, así como lo cuento! Hoy sé que no tengo nada de qué defenderme y puedo estar finalmente en paz.

Así de maravilloso y sanador es conocer nuestra historia de concepción, embarazo y nacimiento, pues podemos sanar nuestra personalidad con base en esta información.

Cuando el parto es natural y sin problemas, donde el bebé hizo lo que le correspondía en su parte del nacimiento, existe una tendencia natural del niño hacia esforzarse y realizar el trabajo solicitado desde los primeros años. Así se crea una idea de **esfuerzo** ante la vida en el subconsciente que lo hace actuar y luchar por sus sueños.

Sin embargo, cuando en el proceso del parto existió riesgo para el bebé por cansancio tras muchas horas en labor, la vida suele aparecer para él como **pesada** y **riesgosa,** pues al hacer su parte en el nacimiento, su esfuerzo no sirvió por más que lo intentó, lo cual le queda como huella.

Cuando la madre pide anestesia general para tener a su hijo, suele existir una fuerte **desconexión** en el bebé con los sentimientos y emociones de la vida, y eso se le queda al niño como huella de nacimiento, puesto que la oxitocina, a la que se le conoce como la hormona del amor, es la sustancia que está presente en el alumbramiento y es muy importante que la sienta a través del cordón umbilical, pues es el amor con el que es recibido en el mundo. Es como si sintiera: «No importa que duela un poquito nacer, ya que mi recompensa es sentir el amor que me da la oxitocina». Así, aunque se trate de cesárea, es importante que de forma natural o artificial la madre tenga esta sustancia durante el alumbramiento y la pase así a su hijo.

Muchas madres están optando (y son cada vez más) por el alumbramiento natural sin anestesia para no perderse ninguna sensación en uno de los actos de amor y divinidad más grandes que se pueden experimentar en la vida y para asegurar esa profunda conexión que no se puede lograr de otra manera.

Para comprender mejor este tema, enumero algunos casos que he estudiado y probado con esta información y los resultados que he obtenido:

Rebeca

Rebeca fue concebida con mucho amor y en unión de sus padres. Sin embargo, cuando su madre tenía cinco meses de embarazo, se enteró que su esposo le había sido infiel, y pensó en abortar y divorciarse.

Rebeca sintió profundamente este dolor en su percepción uterina, y a pesar de que sus padres se arreglaron y siguieron juntos, en ella existía un rechazo subconsciente hacia su papá que se agudizó en la adolescencia e, incluso, después de un pleito con él intentó agredirse a sí misma.

Cuando hizo *coaching* conmigo recapitulamos con su mamá lo sucedido en el embarazo y se dio cuenta de su **impulso subconsciente** hacia autolesionarse cuando tenía problemas con su padre, como su madre lo pensó al haber sido herida en el pasado. Con esta información Rebeca pudo entender sus impulsos y frenarlos sin necesidad de esfuerzo, pues su subconsciente se reprogramó y sanó al saber el porqué de su instinto destructivo.

Miguel

Miguel fue un niño sumamente amado y deseado por sus padres, quienes lo esperaron con ilusión y amor después de muchos años de añorar un bebé. El parto fue normal, pero en los primeros momentos de vida los doctores detectaron que su ritmo cardiaco era bajo y estuvo en una incubadora más de dos semanas.

Esta abrupta separación de su madre la vivió Miguel como un profundo **rechazo** que lo llevó por años a esconderse de la vida y a no querer ser visto por los demás. Incluso, llegó a repudiar el cariño de sus padres por miedo al rechazo en su subconsciente que no tenía ninguna base y eso desconcertaba a su papá y a su mamá.

Al tratar el tema con los padres de Miguel, ellos le explicaron esta situación y cómo les dolió no haber estado juntos los tres en estos primeros momentos de vida. También le contaron que una vez que estuvo en la casa, tenían mucho miedo de que su corazón dejara de latir y pasaban las noches velando su sueño por temor a que algo le sucediera.

Así fue como Miguel comprendió por qué le molestaba tanto la atención intensa de sus padres, pues, aunque lo agradecía, algo no le gustaba. Poco a poco, dejó de sentir rechazo y temor ante la vida y comenzó a mostrar sus talentos, su simpatía y su ser, regresando a su verdadera esencia.

Ramón

Ramón nació en un matrimonio unido y amoroso que recibió la noticia de su llegada con ilusión y cariño. El embarazo de su madre fue perfecto, sin complicaciones. Cuando nació, el doctor se dio cuenta que traía enredado el cordón umbilical y que era imposible que bajara solo, por lo que tuvo que utilizar fórceps para ayudarlo. Desde pequeño la actitud rebelde ante la autoridad de maestros y personas ajenas a sus padres era frecuente en Ramón. Nadie lograba comprender esta conducta desafiante, pues no había una causa aparente.

Cuando sus padres lo trajeron a sesiones conmigo, hablamos mucho acerca de su nacimiento y el enorme sufrimiento que tuvo al sentirse ahogado y abrumado por el riesgo de nacer y luego la intrusión de un objeto frío y duro, los fórceps, con los que fue **forzado** a nacer de esa forma particular que le dolió. Por ende, cualquier autoridad externa le molestaba de forma desproporcionada, lo que le generaba problemas en su escuela.

Al conocer el origen de esta oposición a la autoridad, su experiencia cambió totalmente y se volvió más dócil. Dejó de pelear con la autoridad y todas sus relaciones mejoraron.

Carmen

Carmen fue concebida cuando sus padres estaban muy enamorados, sin embargo, cuando la mamá tenía cuatro meses de embarazo, el matrimonio comenzó a tener problemas y su padre llegó a golpearla.

Nació de un parto natural y rápido. Podría haber tenido dos elementos de amor y facilidad en su vida, mas el maltrato que recibió su madre la marcó.

Desde sus primeros años Carmen sentía que no valía, que no era suficiente y desde que era una bebé lloraba mucho, sobre todo cuando estaba su padre presente. A los diez años solo sentía amor a través de la comida. El sobrepeso apareció posteriormente y no había manera de que parara de comer, pues ya había desarrollado una adicción a la comida.

Cuando llegaron ella y su madre a consulta, la señora se negaba a decirle la verdad sobre los golpes que había recibido de parte de su marido cuando estaba embarazada, pues temía herir a su hija si le decía la verdad.

Después de que le expliqué a la señora los efectos positivos de decirle la verdad a Carmen, decidió hablar con ella. La chica lloró mucho al saber la verdad, pero poco a poco, acomodó sus sentimientos, y por fin dejó su adicción. Lentamente empezó a bajar de peso y a aceptar el maltrato de su padre como algo ajeno a ella, pues entendió que la intención de su papá no era herir a su hija, sino más bien era un problema del matrimonio.

Carmen comenzó a desarrollar un negocio de joyería de fantasía y regresó a la escuela, de la cual ya había desertado, pues pensaba que ella no era buena para los estudios. Los efectos positivos de la sanación a través de la verdad fueron un éxito en muy poco tiempo, lo que me deja ver que al acomodar nuestra historia, todo sana.

Con estos ejemplos vemos cómo el poder de la verdad es una enorme sanación para el alma que libera esta reacción instintiva del subconsciente que nos llevaba a reaccionar de manera destructiva, que nos desvalorizaba y nos hacía sentir mal. De momento parece que la verdad hiere, pero nunca es así.

Te invito ahora a escribir una carta a tus hijos. Para poder lograr que se libere su alma al conocer su origen. Abre tu corazón, sé honesto contigo y comienza a escribir en una hoja:

Querida hija/o:

Desde el primer momento que supe que vendrías al mundo…
La relación con tu papá/mamá era…
El embarazo fue…
Durante tu nacimiento hicieron parto/cesárea/cesárea
*   innecesaria/bloqueo/anestesia general…*
Las horas de parto fueron…
Al nacer te llevaron de inmediato con mamá o no…
Lloraste pronto o no…
Tu salud al nacer fue…
Estuviste con tus padres o fuiste separado abruptamente…

Agrega todo lo que sucedió y que consideres importante mencionar. Termina expresando todo el amor que sientes por tu hijo/a. Cuando lo hagas, recuerda que tienes esa vida frente a ti para la que tú eres el mundo entero, puedes decir la verdad con delicadeza y amor, por ello, lee varias veces la carta antes de entregarla. Es muy importante no guardar secretos, pues se multiplican y solo mencionando la verdad se cortan los lazos de la repetición.

Para hacer el ejercicio contigo mismo, es importante que le pidas a tu madre que te haga una carta con estas características y, sobre todo, que te diga la verdad, si fue un mal embarazo o no quería estar embarazada en esos momentos. Necesitas saber, pues así conocerás tu impulso para reaccionar en la vida.

Así como yo, y muchas personas más que han recibido esta asesoría de la huella del nacimiento, puedes liberarte de actitudes dañinas que has venido arrastrando por años sin poderlas cambiar.

El simple hecho de comprender el sufrimiento en mi nacimiento al haber sido herida con el bisturí por el cirujano en el útero de mi mamá me liberó de la inmensa necesidad de estar siempre a la defensiva y cada vez me siento más tranquila y feliz. ¡Ya no necesito pelear! Al fin encontré la paz.

Capítulo 5
¿Cuál es tu herida primaria?

La mente de los niños es muy frágil
por ello la herida primaria les proporciona una
máscara para no volver a sentir ese mal.

Trixia Valle

Una vez que hemos encontrado nuestro temperamento y la huella de nacimiento, queda la incógnita sobre la herida primaria. Esta herida pudo haber sido un hecho aislado o una serie de hechos dolorosos ocurridos entre los cero y los siete años que se fijan en la mente como un **acuerdo de vida.** Por ejemplo, si en esta etapa ibas caminando por una avenida y te caíste en un hoyo, la frágil mente infantil te hará pensar que **siempre** te vas a caer en un hoyo precisamente de esa avenida. Si un perro te muerde, tú pensarás que **todos** los perros muerden. Si un día comiste un yogurt que te hizo daño, pensarás que **cada vez** que te comas uno, te vas a enfermar.

De esta manera podemos decir que:

- El temperamento es la esencia de quién eres.
- La huella de nacimiento es la primera experiencia que te detona el impulso automático para reaccionar en la vida de forma común.

- La herida primaria es un hecho o una serie de hechos que se fija en el subconsciente como algo doloroso y que hace un acuerdo de vida de que ante una situación similar, sentirás lo mismo y por ello eliges protegerte con una máscara.

El resultado de estos tres componentes da como resultado tu **personalidad**. Personalidad viene de la palabra personaje, que es un ser que posee un conjunto de cualidades, defectos y características que lo **identifican**. Es como cuando juegas un videojuego y creas un avatar, que es un muñequito con cierta ropa, cara, color, rasgos y accesorios que lo identifican en el juego. Eso mismo es nuestra personalidad: Un conjunto de rasgos físicos, emocionales y sentimentales que te identifican del resto de los humanos.

Las personalidades son muy diversas, puesto que todo ser humano es único e irrepetible y tiene espíritu propio. Además, cada uno tiene experiencias personales, singulares, de las cuales aprende para continuar con su vida. Sin embargo, cuando aparece esta herida la verdadera personalidad se esconde atrás de una máscara de acuerdo con la herida primaria que tenga, y así, al sentir miedo, se ocultará tras ella.

¿Qué es una herida?

Lise Bourbeau, autora de «*Las cinco heridas que impiden ser uno mismo*», dice que vinimos a experimentar vivencias para sanar una serie de heridas para así integrar la personalidad con el alma. Por ello, es un reto de autoconocimiento y evolución poder dejar atrás la herida.

Es importante saber que aceptar la herida no significa que sea agradable tenerla. Más bien significa que, mientras se está vivo, se seguirá aprendiendo y trabajando en uno mismo. Así que necesitamos sanar esas heridas para dejar de juzgarnos y poder crecer tras cada experiencia. Mientras haya miedo, hay herida y cuando hay un juicio o creencia limitante, se bloquea la sanación.

Pero lo maravilloso es que, cuando aprendemos a aceptar nuestras heridas, estamos desarrollando el amor que comienza con nosotros mismos y vale la pena hacerlo para liberarnos de estas máscaras que nos impiden dar nuestro cien por ciento. Cuando encontramos la máscara que nos esconde ante situaciones complejas de la vida, nos damos cuenta que nos causa más problemas y que además es una lata tenerla. Entre más conciencia, mayor felicidad y entre más felicidad mayor libertad y paz.

Basada en la autora canadiense Bourbeau, las cinco heridas del alma son:

- Rechazo (se crea entre los cero a tres años).
- Abandono (se crea entre los tres a cinco años).
- Humillación (se crea entre los tres a cinco años).
- Traición (se crea entre los cinco a siete años).
- Injusticia (se crea entre los cinco a siete años).

Todas las situaciones que atraemos, parten de una herida primaria que se nos hizo, como ya lo había mencionado, entre los cero y los siete años de edad. El resto es consecuencia de revivir el dolor no trabajado en las distintas etapas de la vida. Por ejemplo:

- Si tu herida es de traición, puedes rodearte de personas traicioneras y en ocasiones traicionar tú también.
- Si tu herida es de rechazo, la gente te va a rechazar y tú también a ella, de tal forma que así validas tu creencia de rechazo.
- Si tu herida es de humillación, te equivocas inconscientemente para ser humillado y, además, cuando te enojas, tiendes a humillar.
- Si tu herida es de injusticia, tiendes a ser injusto o a buscar inconscientemente situaciones injustas.

- Si tu herida es de abandono, puede existir un miedo inexplicable a ser abandonado que te lleve a ser codependiente de los demás.

La herida es como un imán que revive situaciones dolorosas para **tener razón**. ¿Tener razón de qué? De que ese **acuerdo** que hiciste en la infancia es correcto y que la «vida es así». Por ello, reconocer tu herida y aceptarla es el primer paso para tener un futuro satisfactorio que ya no necesita el dolor del pasado y está dispuesto a vivir en plenitud. Sanar es **vivir bien**.

Cuando te es difícil reconocer la herida es porque, generalmente, tratas de ocultar el dolor, por ende, lo niegas. Las personas tienden a ocultarse detrás de la máscara que se construyen para no sentir el dolor, lo cual es totalmente natural, pues es un mecanismo de defensa que se crea para sobrevivir y funciona durante un tiempo; sin embargo, puede prolongar el sufrimiento y crear situaciones que estimulen la herida. Es decir, estar constantemente ante situaciones similares que te lleven a sentir lo que tanto temes. Este hecho, sin duda, obstaculiza el crecimiento y desarrollo humano pleno al recrear situaciones parecidas a lo largo de la vida que impiden la felicidad.

Para hacer más sencilla esta tarea y encontrar tu herida, he desarrollado un cuestionario que detecta la herida primaria que se ha hecho en la infancia primera, a fin de trabajarla y evitar repetirla en etapas posteriores.

Es importante contestar cada sección de este cuestionario con honestidad para reconocer la herida con la que más te identificas y así llegar a la raíz de tu ser. Selecciona la respuesta que más te identifica con **sí** o **no** y suma al final las cantidades. Tu herida primaria será en la que tengas mayor número de respuestas afirmativas.

	A	Sí	No
1	Sueles sentirte inadaptado en algún grupo o lugar		
2	Piensas que vas a ser desagradable para otros		
3	Se te dificulta hacer amigos		
4	Fuiste un hijo no planeado		
5	Tus padres querían tener un hijo del sexo opuesto		
6	En la escuela tuviste pocos amigos o ninguno		
7	Te sientes diferente a los demás		
8	Tratas de pasar desapercibido		
9	Evitas participar en discusiones o dar tu opinión		
10	Sientes mucho enojo hacia otros		
11	Has agredido frecuentemente a personas verbal o físicamente		
12	Sientes que te guardas muchas cosas		
13	Culpas a otros por cómo te sientes		
14	No ves tus propios logros		
15	Sientes constantemente que deberías hacer más de lo que haces		
16	Huyes de las situaciones y evitas los problemas		
17	Tu cuerpo es delgado		
18	Te sobreprotegieron		
19	Tienes la sensación de estar sofocado		
20	Eres perfeccionista		
21	Procuras estar solo		
22	Te sientes incomprendido		

23	Te deslindas de lo que ocurre en el mundo		
24	Te jorobas		
25	Evitas llamar la atención		
26	Te guardas información importante por miedo a ser visto		
27	Comes poco		
28	Tiendes a beber o consumir algún tipo de droga para desconectarte del mundo un rato		
29	Tienes o has tenido problemas en la piel		
	Total de conductas		

	B	Sí	No
1	Te cuesta trabajo tomar decisiones solo		
2	Pides consejos y no siempre los sigues		
3	Te es difícil decir «No»		
4	Te gusta estar siempre acompañado		
5	En general consideras que no eres querido		
6	Consideras que tuviste carencia de muestras de afecto		
7	Tu cuerpo es débil y sin tono muscular		
8	Tus padres te encargaban con otras personas por periodos largos		
9	Nació tu hermano(a) y sentiste que te excluyeron		
10	Alguno de tus padres se fue o falleció		
11	Has sido víctima de acoso escolar o laboral		
12	Tiendes a enfermarte		
13	Dramatizas las cosas pequeñas y las haces grandes		

14	Cuando te sientes mal obtienes atención		
15	Sientes necesidad de atención constantemente		
16	Te molesta que te digan que «No», aunque te den razones		
17	Lloras con facilidad		
18	Te molesta realizar trabajos o actividades solo		
19	Piensas en agradar a otros		
20	Pasas por alto los conflictos de pareja, te quedas con ella aunque te demuestre que ya no te quiere		
21	Te preguntas si serás una persona importante para otros		
22	Tiendes a decir: «no necesito a nadie»		
23	Comes mucho		
24	Te mueves mucho y no puedes estar sentado		
25	Fuiste un niño enfermizo		
26	Usas un tono infantil de voz		
	Total de conductas		

	C	Sí	No
1	A menudo te sientes avergonzado		
2	Generalmente te encuentras en situaciones que te hacen sentir tristeza y vergüenza		
3	Te echas la culpa de cosas		
4	Muchas veces te compararon con otros		
5	Se burlaron de ti y te sentiste avergonzado y este sentimiento no pasó rápidamente		
6	Tu madre o padre fueron controladores		

7	Tiendes a cargar con culpas ajenas		
8	Te sentías atado cuando estabas con tus padres		
9	Sientes la espalda pesada o dolor de espalda constantemente		
10	Te ocupas de los demás y tú te descuidas		
11	Sientes que los demás abusan de ti		
12	Eres una persona que se considera servicial, al grado de poner en primer lugar a los demás		
13	Te sientes despreciado o poco reconocido		
14	Te cuesta expresar lo que realmente necesitas		
15	Te callas por miedo a experimentar vergüenza		
16	Deseas agradar, sobre todo a tu madre o padre		
17	Te molesta de sobremanera la crítica y lo sientes como humillación		
18	Eres el blanco de bromas		
19	Piensas que los demás se ríen de ti		
20	Evitas creer que los demás te consideren importante		
21	Conoces tus necesidades, pero las ignoras		
22	No encuentras fácil salida a tus problemas		
23	Aguantas mucho, pero eres muy agresivo cuando explotas		
24	Te desquitas en el tráfico o con personas ajenas a tu vida del coraje que sientes		
25	Practicas deportes extremos para comprobar que eres valioso		
26	Comes muchos carbohidratos, dulces y chocolates		

27	Ante cualquier comentario te molestas y lo tomas personal		
28	Te molestan las bromas		
29	Temes a la humillación y a sentir vergüenza		
	Total de conductas		

	D	Sí	No
1	Tiendes a comparar a tu pareja con tu padre o madre		
2	Esperas mucho de tu pareja		
3	Tu cuerpo tiene un tono muscular un tanto rígido		
4	Muchas veces sientes que te traicionan		
5	Sueles culpar a otros por las emociones que sientes		
6	Alguno de tus padres no cumplió las promesas que hacía		
7	Si viviste un divorcio, alguno de ellos se sintió traicionado por el otro y te lo hicieron saber		
8	Tuviste un hermano menor de sexo opuesto y la atención se desvió hacia él		
9	Crees que eres muy responsable y fuerte		
10	Tratas de ser alguien importante para otros u ocupar un lugar especial		
11	Sueles esforzarte mucho para cumplir tus promesas, o no siempre las cumples		
12	Puedes mentir fácilmente		
13	Puedes dirigir a la gente, logras que hagan lo que quieres		
14	Intentas convencer a otros		

15	Sueles tener muchas expectativas		
16	Te molesta esperar		
17	Eres intolerante		
18	Comprendes y actúas rápidamente		
19	Difícilmente confías en los demás		
20	Escondes tu tristeza		
21	Eres una persona que logra hacer reír a otros		
22	Sueles tener conflictos con otros		
23	Eres muy sociable		
24	Quieres siempre tener la razón		
25	Estas convencido que controlar todo te da seguridad		
26	Temes a la traición y a que los demás te fallen		
	Total de conductas		

	E	Sí	No
1	Crees que no te valoran por quién eres		
2	Sientes que no recibes lo que mereces		
3	Crees que no mereces lo que recibes		
4	Te exiges demasiado		
5	Sientes que te tratan peor que a los demás		
6	Sientes que te deberían tratar de otra manera		
7	Te sientes desplazado		
8	Es importante para ti que los demás te vean como una «buena persona»		
9	Evitas ser el centro de atención, aunque sea un solo día (ni en tu cumpleaños)		

10	Sientes que los demás no valoran lo que haces		
11	Cuando recibes un premio o un regalo, crees que no tenían por qué hacerlo		
12	Si tienes algún problema, sueles ocultarlo diciendo que todo está bien		
13	Te gusta hacer las cosas a la perfección y hacerlas tú mismo		
14	Si te cargan de trabajo, lo haces sin quejarte, pues sientes que si dices algo pensarán que eres flojo		
15	Utilizas absolutos como «siempre» o «nunca»		
16	Para ti pesan mucho las palabras «bien» o «mal»; «correcto» o «incorrecto»		
17	Te sientes culpable de estar descansando mientras otros están trabajando		
18	Te pones obligaciones, aunque le toquen a otros		
19	Eres cortante, frío y no te gusta que te pregunten cómo te sientes		
20	Te es difícil expresar tus sentimientos		
21	Encuentras injusto tener privilegios que los demás no tienen		
22	Te es difícil aceptar reconocimientos, aunque lo merezcas (ascenso en el trabajo, mención honorífica, empleado o estudiante del mes)		
23	Te gusta que todo esté ordenado y en su sitio		
24	Te gusta llegar a acuerdos		
25	Te enojas contigo mismo		
26	Casi siempre das segundas oportunidades		
	Total de conductas		

Ahora cuenta tus respuestas afirmativas en cada sección.

A. Herida de Rechazo: _____

B. Herida de Abandono: _____

C. Herida de Humillación: _____

D. Herida de Traición: _____

E. Herida de Injusticia: _____

¿En qué herida obtuviste más **sí** de respuestas?

De acuerdo con el resultado global de cada una, encontrarás tu herida primaria. Es cierto que podemos tener un poco de todas, sin embargo, siempre hay una que predomina y es en la que es necesario trabajar.

Anota:

¿Cuál es tu herida primaria?

....

....

....

¿Qué entiendes por esta herida?

....

....

....

¿Cómo piensas que pudiste desarrollar esta herida? ¿Qué pasó?

....

....

....

Ahora vamos a analizar a profundidad cada herida y la máscara que has creado inconscientemente para protegerte. Cuando sientes miedo se detona con fuerza la máscara, aunque puede suceder que la traigas puesta todo el tiempo, es decir, que tu actitud constante ante la vida sea con base en la herida primaria, por ende, se vuelva parte de tu personalidad.

Para que sea más sencillo recordar tu herida y la máscara que te pones, he diseñado una mascota para cada una de ellas. Una sugerencia es que compres un peluche o figura con la mascota mencionada y lo tengas contigo, para que te sea más fácil recordar cuando estás actuando de acuerdo a tu herida.

A. Herida de rechazo

La herida de rechazo se hace de los cero a los tres años cuando existe un sentimiento de **rechazo** por alguno de los padres, en especial la madre, quien, por supuesto, no ha tenido la intención consciente de hacerlo. Sin embargo, en la vida suceden hechos que no hemos planeado como una enfermedad o una situación apremiante.

Todos tenemos una herida por alguna situación, pues en todas las vidas pasan hechos inesperados y no por ello siempre existe falta de amor, simplemente suceden.

Tener esta herida no significa, en la mayoría de los casos, que te hayan dejado a un lado, más bien que viviste un hecho intensamente y así se grabó en tu alma. Es muy importante que evites sentir rencor o enojo de algo que ya pasó, pues de lo que se trata es de que seas feliz.

¿Cómo pudiste desarrollar esta herida?

- Fuiste un hijo no deseado.
- Te dejaron al cuidado de otras personas por largas horas sin explicación alguna.

- Tus padres preferían salir que estar contigo.
- Existió una separación abrupta con tu madre por alguna enfermedad, muerte o situación extrema.
- No hubo muestras de afecto: Abrazos, besos, caricias.
- Tus padres querían un hijo del sexo opuesto.
- Llegó un hermano nuevo y la atención fue para él.

¿Qué máscara se crea con base en la herida de rechazo?

La máscara es una actitud inconsciente que aparece al tener miedo y, en ocasiones, puede ser una actitud constante que se vuelve parte de tu personalidad. Por ello, es esencial reconocer lo que es tuyo, como el **temperamento** que ese sí es parte de quien eres en verdad y eliminar lo que te estorba, como esta máscara creada y amoldada a ti que no te permite ser tú mismo realmente.

La máscara que se crea al tener la herida de rechazo es la de **invisibilidad**, pues en el subconsciente se graba como que precisamente así es la vida.

Para evitar sufrir, tratas de esconderte de ciertas situaciones que te incomodan y evitas mostrarte. Incluso, puede suceder que estés bajo de peso o de estatura, que te jorobes y que no quieras participar en las conversaciones de grupo por temor al rechazo y simplemente te aíslas.

Te cuento la experiencia de mi hijo Alejandro, actualmente tiene siete años y una fuerte herida de rechazo: A la semana de que nació, tuve una hemorragia que me llevó de vuelta al hospital por casi diez días. Él se quedó con mi mamá sin poderme ver, ni sentir. Dicha situación se marcó en su subconsciente con fuerza y cada vez que siente temor se esconde e, incluso, hace cara de ratoncito. Le gusta mucho jugar en escondites, pero no le agrada que lo vean detenidamente, tampoco los abrazos largos. Constantemente le explico lo que me sucedió cuando él nació y poco a poco se ha ido quitando la máscara. Le gusta mucho ver su álbum de cuando era bebé y que le cuente la historia de cuando nació, pues le da seguridad y por supuesto que yo se la quiero dar.

La **herida de rechazo** crea una **máscara de invisibilidad,** en la cual se tiene tendencia a esconderse de la vida por lo que hay que aprender a amar a tu **ratón**, que es la mascota que he elegido para esta **herida**.

Ratón

Ahora, seguramente te preguntarás: ¿Cómo puedes, desde hoy, sanar tu herida? Te doy doce respuestas para liberar a tu **ratón:**

1. Renuncia a sentirte víctima, camina erguido y conserva una buena postura.
2. Desarrolla la ternura, una mascota te puede ayudar.
3. Prueba tu valentía al expresar tus opiniones, mira a los ojos a las personas.
4. Evita creer que no vales o que no eres capaz.
5. No huyas de las situaciones difíciles, cumple con las responsabilidades, comprométete.
6. Reconoce tus capacidades, enumera para qué eres bueno.
7. No pienses que todo lo que te ocurre es culpa de otros.
8. Inclúyete en algún grupo, asiste a clases de la materia que te guste.

9. Practica deporte, sal a reuniones y pláticas.
10. Da tu opinión sin importar lo que los demás piensen.
11. Ten más contacto físico: Abrazos, caricias, masajes.
12. Come a tus horas, no te saltes los alimentos.

Al tener la herida de rechazo es importante reforzar los valores de **asertividad**: hablar sobre lo que sientes y deseas; **valentía**: para enfrentar situaciones difíciles; y **seguridad**: habla con firmeza de lo que pasa. Una vez que se desarrollan estas herramientas se estará sanando esta herida.

¡La buena noticia!

Cuando trabajas en tu herida, existen posibilidades maravillosas que puedes aprovechar de la máscara de invisibilidad. Tu ratón tiene siete grandes ventajas:

1. Capacidad para inventar e innovar.
2. Trabajar solo, ser independiente.
3. Autodidacta y de fácil aprendizaje.
4. Detallista, gustoso de hacer sentir bien a otros.
5. Iniciativa propia, no necesitas de otros para moverte.
6. Disfrutas tu soledad.
7. Conócete a ti mismo.

¡Felicidades! Conocer tu herida y tu máscara es el primer paso para una vida plena y hoy cuentas con esta información que te será muy valiosa de aquí en adelante. Te sugiero que la lista con las doce respuestas, la copies y la pegues en un lugar donde la puedas ver diariamente. Si las realizas todos los días, te aseguro que te sentirás mejor.

B. Herida de abandono

La herida de abandono se hace de los tres a los cinco años cuando existe un sentimiento de **abandono**. Puede ser que tus padres hayan hecho algún viaje largo o te hayan dejado alguna vez en la escuela y los tuviste que esperar por largo tiempo, lo cual puede haber sucedido una sola vez y, por supuesto, sin la intención consciente de herirte. Sin embargo, en la vida suceden hechos que no hemos planeado como una enfermedad o una situación apremiante.

Todos tenemos una herida por alguna situación, pues en todas las vidas pasan hechos inesperados y no por ello siempre existe falta de amor, simplemente suceden.

Tener esta herida no significa, en la mayoría de los casos, que te hayan dejado a un lado, más bien que viviste un hecho intensamente y así se grabó en tu alma. Es muy importante que evites sentir rencor o enojo de algo que ya pasó, pues de lo que se trata es de que seas feliz.

¿Cómo pudiste desarrollar la herida?

- Te dejaron con algún familiar por varios días sin explicación alguna.
- Tus padres llegaban tarde por ti cuando estabas en la guardería o en la escuela.
- Alguno de tus padres se fue o se murió.
- Tus padres trabajaban todo el día.
- Tus padres salían cada fin de semana sin ti.
- Tus padres te prestaron poca atención.
- Tus padres no jugaban contigo y eres hijo único.

¿Qué máscara se crea con base en la herida de abandono?

La máscara es una actitud inconsciente que aparece al tener miedo y, en ocasiones, puede ser una actitud constante que se vuelve parte de tu personalidad. Por ello, es esencial reconocer lo que es tuyo, como el **temperamento** que eso sí es parte de quien eres en verdad y eliminar lo que te estorba, como esta máscara creada y amoldada a ti que no te permite ser tú mismo realmente.

La máscara que se crea al tener la herida de abandono es la de dependencia, pues en el subconsciente se graba como que precisamente así es la vida.

Para evitar sufrir, tratas de depender de otros y buscas su protección, lo cual te impide responsabilizarte de tu propia vida. Esta dependencia también se puede crear con la comida, con las personas, con la tecnología o con cualquier cosa que te ayude a sentir que no estás solo.

Una historia típica de la herida de abandono es la siguiente: Laura fue una niña muy querida, deseada y atendida. Sin embargo, su madre trabajaba muchas horas. Por ende, Laura, que apenas tenía tres años y medio, no comprendía lo que pasaba porque era muy pequeña. Un día su mamá tuvo un problema en la oficina y llegó tarde por ella a la escuela. Las maestras, molestas por tenerse que quedar más tiempo, le dijeron: «Vaya, qué irresponsable es tu madre, ¿cómo puede dejarte aquí tanto tiempo?». Aunque ese hecho solo sucedió dos veces, Laura desarrolló una profunda herida de abandono, por lo que se convirtió en un ser muy dependiente de sus amigas y de los dulces, de forma tal que se podía comer todo un paquete, pues al hacerlo, sentía seguridad. Por ello, su peso aumentaba y su seguridad bajaba.

Todo el tiempo Laura quería estar pegada a alguien, hasta que sus amigos también comenzaron a rechazarla. Cuando su madre la trajo conmigo la niña tenía once años, y el problema era que sufría *bullying* en la escuela. Descubrimos que, más allá del *bullying*, la gran herida de abandono llevaba a Laura a depender de los demás y no le importaba que la maltrataran con tal de tener un amigo cerca. Cuando le di su mascota y le hablé del origen de su herida primaria, todo cambió para ella. Comenzó a elegir bien a sus amigos y dejó de comer tantos dulces. Bajó de peso y sanó su herida primaria poco a poco.

La **herida de abandono** crea una **máscara de dependencia,** en la cual se tiene tendencia a buscar la compañía de los demás como forma de defenderse de sus miedos y además pueden buscar refugio en la comida, en la tecnología… para evadir la herida. Por lo tanto, tienen que aprender a amar a su **koala,** que es la mascota que he elegido para esta **herida.**

Koala

Ahora, seguramente te preguntarás: ¿Cómo puedes, desde hoy, sanar tu herida? Te doy las doce respuestas para liberar a tu **koala:**

1. Mantén una buena postura.
2. Busca independencia económica, emocional y espiritual.
3. No pidas consejos o apoyo en todo lo que hagas.
4. Pon límites, aprende a decir que **No.**
5. Acepta que te digan **No.**
6. Reconoce tus virtudes.
7. No abandones un proyecto en el que tengas mucho interés.
8. Ocúpate de ti mismo y préstate atención.
9. No puedes apegarte a los otros, busca tu independencia.

10. No hagas sufrir al cuerpo, come sanamente y toma las debidas precauciones para no enfermarte.
11. No te crees enfermedades para llamar la atención.
12. Confía en ti mismo.

Al tener la herida de abandono es importante reforzar los valores de la **confianza:** saber que estás bien; **independencia:** hacer las tareas solo; y **justicia:** tratarte de forma justa y no dejar que otros se aprovechen de ti. Una vez que se desarrollan estas herramientas, se estará sanando esta herida.

¡La buena noticia!

Cuando trabajas en tu herida, existen posibilidades maravillosas que puedes aprovechar de la máscara de dependencia. Tu **koala** tiene siete grandes ventajas:

1. Sabe lo que quiere, es tenaz y perseverante.
2. No vacila cuando tiene determinación.
3. Sabe atraer la atención de los demás sin necesidad de causar lástima.
4. Es sociable.
5. Desarrolla empatía y tiene capacidad para ayudar a otros.
6. Ya no ve la soledad como una amenaza, la disfruta.
7. Es cariñoso con los demás.

¡Felicidades! Conocer tu herida y tu máscara es el primer paso para una vida plena y hoy cuentas con esta información que te será muy valiosa de aquí en adelante. Te sugiero que la lista con las doce respuestas, la copies y la pegues en un lugar donde la puedas ver diariamente. Si las realizas todos los días, te aseguro que te sentirás mejor.

C. Herida de humillación

La herida de humillación se hace de los tres a los cinco años cuando existe un sentimiento de **humillación** por alguno de los padres o hermanos, quizás alguna vez te evidenciaron cuando no sabías algo, y te dijeron que eras tonto, aunque solo haya sucedido una sola vez. Por supuesto te lo dijeron sin la intención consciente de herirte. Sin embargo, esa humillación te marcó de por vida.

Todos tenemos una herida por alguna situación, pues en todas las vidas pasan hechos inesperados y no por ello siempre existe falta de amor, simplemente suceden.

Tener esta herida no significa, en la mayoría de los casos, que hayas sido maltratado o humillado con frecuencia, más bien que viviste un hecho intensamente y así se grabó en tu alma. Es muy importante que evites sentir rencor o enojo de algo que ya pasó, pues de lo que se trata es de que seas feliz.

¿Cómo pudiste desarrollar la herida?

Cometiste un error u ocurrió un accidente y tú fuiste el responsable y te evidenciaron.

- Te decían «tonto» cuando te equivocabas.
- Se burlaban de ti.
- Tus padres se avergonzaron de ti por alguna situación.
- Recibiste insultos en casa o en la escuela.
- Te hicieron a un lado diciéndote que tú no podías hacer algo.
- Te subestimaron.
- No te dejaban hacer las cosas por ti mismo.
- Tus padres le contaban a todos lo que hacías.

¿Qué máscara se crea con base en la herida de humillación?

La máscara es una actitud inconsciente que aparece al tener miedo y, en ocasiones, puede ser una actitud constante que se vuelve parte de tu personalidad. Por ello, es esencial reconocer lo que es tuyo, como el **temperamento** que ese sí es parte de quien eres en verdad y eliminar lo que estorba, como esta máscara creada y amoldada a ti que no te permite ser tú mismo realmente.

La máscara que se crea al tener la herida de humillación es la de **masoquista,** pues en el subconsciente se graba esta experiencia como que precisamente así es la vida.

Para evitar sufrir, tratas de tener razón en que no vales y que los demás son así. Incluso, puedes ponerte en situaciones humillantes, ya que tu subconsciente se hace una idea fija de que te equivocas constantemente y vives así tropezándote, tirando cosas, olvidando datos con frecuencia, para así revivir la herida de la humillación.

Un ejemplo de ello es la historia de Javier, quien es guapo e inteligente, sin embargo, constantemente se ponía en situaciones comprometedoras al olvidar trabajos importantes en la oficina, se equivocaba a menudo y tiraba o rompía cosas con frecuencia. Cuando su jefe o su esposa le echaban en cara sus errores, él se enojaba, se metía en su caparazón de víctima y volteaba la situación para evadir su responsabilidad. Cuando comenzó a venir conmigo, me contó que era el hermano menor de una familia de nueve hijos y sus padres trabajaban todo el día. Por ende, lo educaron sus hermanos, que también eran jóvenes e inmaduros, y a cada instante lo humillaban y le decían tonto, además de que se burlaban de él.

De esta forma creó una máscara de orgullo para protegerse e ignoraba los comentarios de los demás, así como sus acciones. Recordó que su herida lo llevaba a más situaciones humillantes y al ser descubierto él era el que humillaba o despreciaba a los demás, peleando o ignorándolos.

Cuando se dio cuenta del origen de su herida, comenzó a evolucionar, a dejar de equivocarse, a ser cuidadoso con su trabajo y su familia y, poco a poco, empezó a sanar. Para ello, fue necesario que reconociera sus errores y dejara el orgullo de lado.

La **herida de humillación** crea una **máscara de masoquismo**, donde se tiene tendencia a ponerse en situaciones humillantes o cometer errores frecuentes como forma de demostrarse a sí mismo su incapacidad. De esa manera Alberto se defendía de sus miedos, pues así evitaba que la gente esperara algo de él. Por ende, su refugio es el orgullo para así evadir lo que siente en la vida, por lo que debe aprender a amar a su **tortuga,** que es la mascota que he elegido para esta **herida.**

Tortuga

Ahora, seguramente te preguntarás: ¿Cómo puedes, desde hoy, sanar tu herida? Te doy las doce respuestas para liberar a tu **tortuga**:

1. Presta atención a tus necesidades.
2. Reconoce que eres especial e importante.
3. Confía en ti mismo.
4. No dejes que te controle nadie.
5. No te auto castigues.

6. Balancea tu alimentación con frutas y verduras.
7. Ten más contacto con los demás.
8. Cómprate cosas que te gusten.
9. Date tu lugar y no te compares con nadie.
10. No te acuses de ser gordo o no tener voluntad, mejor ocúpate de lo que necesitas porque eres un ser muy importante.
11. Evita comer demasiados alimentos con altos niveles de azúcar y grasa.
12. Deja de cargar con responsabilidades ajenas, no puedes sentirte culpable de situaciones que no son tuyas.

Al tener la herida de humillación es importante reforzar los valores de la **alegría:** se vale ser feliz; **entusiasmo:** tienes las mismas oportunidades que los demás para sobresalir; y **perseverancia:** completa tus tareas y alcanza tus metas, te hará sentir bien. Una vez que se desarrollan estas herramientas se estará sanando esta herida.

¡La buena noticia!

Cuando trabajas en tu herida, existen posibilidades maravillosas que puedes aprovechar de la máscara de masoquista. Tu **tortuga** tiene siete grandes ventajas:

1. Conoce sus necesidades y las respeta y atiende.
2. Es empática.
3. Es buena conciliadora o mediadora de conflictos.
4. Es altruista.
5. Es capaz de exigir sin creer que molesta.
6. Es muy sensible a las necesidades de los demás.
7. Sabe escuchar.

¡Felicidades! Conocer tu herida y tu máscara es el primer paso para una vida plena y hoy cuentas con esta información que te será muy valiosa de aquí en adelante. Te sugiero que la lista con las doce respuestas, la copies y la pegues en un lugar donde la puedas ver diariamente. Si las realizas todos los días, te aseguro que te sentirás mejor.

D. Herida de traición

La herida de traición se hace de los cinco a los siete años, cuando existe un sentimiento de **traición**. Por lo general, viene de parte de algunos de los padres, cuando no cumplen sus promesas y causan en ti una enorme decepción. Esto pudo haber sucedido una sola vez y, por supuesto, sin la intención consciente de herirte. Sin embargo, en la vida suceden hechos que no hemos planeado como una enfermedad o una situación apremiante.

Todos tenemos una herida por alguna situación, pues en todas las vidas pasan hechos inesperados y no por ello siempre existe falta de amor, simplemente suceden.

Tener esta herida no significa, en la mayoría de los casos, que hayas sido traicionado con frecuencia, más bien que viviste un hecho intensamente y así se grabó en tu alma. Es muy importante que evites sentir rencor o enojo de algo que ya pasó, pues de lo que se trata es de que seas feliz.

¿Cómo pudiste desarrollar la herida?

- Alguno de tus padres traicionó tu confianza.
- Alguno de tus padres no cumplió su promesa.
- Viviste un divorcio conflictivo en el que alguno de tus padres habló mal contigo del otro.
- Esperabas regalos en Navidad y no llegaron o no era lo que tú querías.
- Descubriste a uno de tus padres en la mentira.
- Le dieron tus cosas a tu hermano menor.

¿Qué máscara se crea con base en la herida de traición?

La máscara es una actitud inconsciente que aparece al tener miedo y, en ocasiones, puede ser una actitud constante que se vuelve parte de tu personalidad. Por ello, es esencial reconocer lo que es tuyo, como el **temperamento** que ese sí es parte de quien eres en verdad y eliminar lo que te estorba, como esta máscara creada y amoldada a ti que no te permite ser tú mismo realmente.

La máscara que se crea al tener la herida de traición es la de **controlador,** pues en el subconsciente se graba esta experiencia como que precisamente así es a vida.

Para evitar sufrir, tratas de controlar todo, empezando por ti mismo. Incluso, puedes ponerte metas demasiado altas solo para demostrar que puedes ser fiel a ti mismo y que no te traicionas en tus objetivos, aunque en el camino es frecuente, inconscientemente, que traiciones a otros.

Esta es la herida que yo tengo, surgió porque mi papá era un hombre muy amoroso, pero muy soñador y constantemente hacía promesas de viajes y regalos que no podía cumplir. Desde entonces decidí que ninguna persona me iba a lastimar y que nunca dependería de nadie, más que de mí misma. Por ello, comencé a trabajar a los 17 años y salí adelante sola. Estudié una carrera y una maestría e, incluso, para cumplir mis metas, llegué a descuidar mi salud.

Por supuesto que en el camino le he exigido lo mismo a otros, el mismo esfuerzo, el mismo empeño y me volví muy controladora, por ende, herí a muchas personas que se cruzaron en mi vida. Hoy me doy cuenta de mis errores, he comenzado a ser flexible con los demás y conmigo misma. Dejé de autocriticarme, pues sufría demasiado y ahora tomo lo mejor de las personas y de las situaciones para fluir con la vida. Yo te diría que es lo mejor que he hecho, dejar de lado mi máscara y comenzar a ser yo misma.

La **herida de traición** crea una **máscara de controlador,** en la que existe la tendencia de controlarse uno mismo y a los demás, con mucho juicio y sin perdonar errores. Esta exigencia nos aleja de los otros y nos hace sufrir. Su refugio es el de un carácter fuerte y dominante para evadir lo que siente, por lo que hay que aprender a amar a su **león,** que es la mascota que he elegido para esta **herida.**

León

Ahora, seguramente te preguntarás, ¿Cómo puedes, desde hoy, sanar tu herida? Te doy las doce respuestas para liberar a tu **león:**

1. Procura confiar en otros, ve despacio y poco a poco, así aumentará tu confianza en ellos.
2. Ejercita la paciencia.
3. No mientas a otros, ya que te estarás mintiendo a ti mismo.
4. Cumple los compromisos que hagas contigo mismo.
5. Delega responsabilidades, no puedes hacerlo todo tú mismo.
6. Relaja tus músculos, la tensión no es buena para ti, practica ejercicios como yoga o estiramientos y evita cruzar las piernas y los brazos.
7. Realiza actividades que te hagan sentir bien, solo por gusto.
8. Ayuda a otros, sin alardear que lo hiciste; hazlo de forma anónima.

9. Permítete llorar, valora tu sensibilidad.
10. Aprende a pedir ayuda.
11. Evita competir.
12. Acepta atenciones de los demás, aprende a recibir sin sentirte en deuda.

Al tener la herida de traición es importante reforzar los valores de la **paciencia:** hay que aprender a ser flexible con uno mismo y con los demás; **delicadeza:** se pueden decir las cosas sinceramente, sin herir; y **cariño:** está bien demostrar el cariño a los demás, permítete sentirlo. Una vez que se desarrollan estas herramientas, estarás sanando esta herida.

¡La buena noticia!

Cuando trabajas en tu herida, existen posibilidades maravillosas que puedes aprovechar de la máscara de controlador, tu **león** tiene siete grandes ventajas:

1. Es hábil para brindar seguridad y protección a través de su fuerza.
2. Tiene talentos sociables, posee sentido del humor.
3. Hablar en público es una de sus fortalezas.
4. Sabe dirigir un equipo, delegar responsabilidades y ayudar a otros a tener confianza en sí mismos.
5. Puede hacer reír a alguien que se sienta mal.
6. Puede manejar varios asuntos al mismo tiempo.
7. Toma decisiones, pues confía en sí mismo.

¡Felicidades! Conocer tu herida y tu máscara es el primer paso para una vida plena y hoy cuentas con esta información que te será muy valiosa de aquí en adelante. Te sugiero que la lista con las doce respuestas, la copies y la pegues en un lugar donde la puedas ver diariamente. Si las realizas todos los días, te aseguro que te sentirás mejor.

E. Herida de injusticia

La herida de injusticia se hace de los cinco a los siete años, cuando existe el sentimiento de ser tratado injustamente por alguno de los padres; si sufriste golpes, insultos o te hicieron pasar por una situación injusta. Esto puede suceder una sola vez y, por supuesto, sin la intención consciente de herirte. Sin embargo, en la vida suceden hechos que nos llegan a condicionar fuertemente.

Todos tenemos una herida por alguna situación, y no por ello siempre existe falta de amor, simplemente suceden.

Tener esta herida no significa, en la mayoría de los casos, que hayas sido tratado injustamente con frecuencia, más bien que viviste un hecho intensamente y así se grabó en tu alma. Es muy importante que evites sentir rencor o enojo de algo que ya pasó, pues de lo que se trata es de que seas feliz.

¿Cómo pudiste desarrollar esta herida?

- Te trataron diferente que a tus hermanos.
- Tuviste malos ejemplos de parte de tus padres.
- Viviste maltrato entre tus padres.
- Se burlaron o te compararon con otros por tu apariencia.
- Recibiste un trato especial que te incomodaba.
- No recibiste muestras de afecto de parte de tus padres.
- Tuviste padres fríos y distantes.
- Tus padres no te ponían atención.
- Tus padres no celebraban tus logros.
- Tus padres te daban responsabilidades que no te tocaban. Por ejemplo, cuidar a tu hermano menor por largos periodos.
- Tus padres te ponían a hacer cosas que no te gustaban.
- Tus padres te maltrataban física o mentalmente.

¿Qué máscara se crea con base en la herida de la injusticia?

La máscara es una actitud inconsciente que aparece al tener miedo y, en ocasiones, puede ser una actitud constante que se vuelve parte de tu personalidad. Por ello, es esencial reconocer lo que es tuyo, como el **temperamento** que ese sí es parte de quien eres en verdad y eliminar lo que te estorba, como esta máscara creada y amoldada a ti que no te permite ser tú mismo realmente.

La máscara que se crea al tener la herida de injusticia es la de **rigidez,** pues en el subconsciente se graba esta experiencia como que precisamente así es la vida.

Para evitar sufrir, tratas de velar por las injusticias y te encargas de luchar en contra de ellas, aunque se trate de otras personas. Incluso, puedes llegar a ser injusto con los demás al defender parcialmente una de las partes, sin conocer a fondo la verdad. Suele suceder que también a veces seas injusto contigo mismo al exigirte demasiado.

Este es el caso de Bárbara, quien fue la hija mayor; cuando era niña tuvo una madre muy agresiva y un padre muy pasivo que permitía que su madre la maltratara, incluso frente a él. Por si fuera poco, su mamá trataba a su hermana menor diferente y le daba todos los permisos y concesiones que a ella no. Así fue como creó una enorme herida de injusticia que al crecer la llevó a ser peleonera con todos y todo. Las causas ajenas las hacía suyas y sin investigar mucho se embestía de valentía para defender lo que consideraba una injusticia. Cada vez estaba más conflictuada y sola, y a pesar de sacar su dolor en estas defensas, cada día se sentía más mal.

Cuando llegó a mi *coaching*, obviamente Bárbara tenía la idea de que el mundo era **muy injusto** y que todo y todos estaban en su contra. Lógicamente estudió Leyes y con frecuencia atendía casos complicados en los cuales sus clientes no siempre le decían la verdad y acababa siendo injusta con la otra parte. Lo que más le molestaba era lo que ella misma hacía, y se deprimía al ser incongruente. Cuando descubrió de dónde venía su herida, pudo ser objetiva y seguir con la lucha por la justicia, pero desde una postura racional y justa.

La **herida de injusticia** crea una **máscara de rigidez,** en la cual se emiten juicios en ocasiones parciales, y se llega a caer en injusticias por defender causas propias o de los demás desde una óptica partidista. Su refugio lo crean al tener posturas inamovibles y poco flexibles donde pueden lastimar a los demás y a sí mismos, para evadir lo que sienten en la vida, por lo que hay que aprender a amar a su **elefante,** que es la mascota que he elegido para esta **herida**.

Elefante

Ahora, seguramente te preguntarás: ¿Cómo puedes, desde hoy, sanar tu herida? Te doy las doce respuestas para liberar a tu **elefante**:

1. Aprende a recibir.
2. Valórate a ti mismo, conócete y ve tus virtudes.
3. Practica ejercicios de autoconocimiento como verte al espejo.
4. Sé objetivo y mira ambas caras de la moneda.
5. Reconoce cuando eres injusto con los demás y contigo mismo.
6. Expresa tus sentimientos con amor.

7. Trabaja en el amor hacia ti mismo, reconoce tus logros.
8. Practica ejercicio de movimientos frecuentes como bailar.
9. Cuando estés molesto, cambia de lugar.
10. Aprende la escucha activa y receptiva.
11. Lee textos que sean sencillos y divertidos.
12. Busca cualidades en los demás.

Al tener la herida de injusticia es importante reforzar los valores de la **bondad:** ante un dilema, pregúntate siempre con qué decisión haces un bien mayor; **objetividad:** cuida de escuchar ambos lados; y **flexibilidad:** aunque escuches otras partes, estás a salvo; escuchar no implica cambiar de postura necesariamente. Una vez que se desarrollan estos valores se estará trabajando a profundidad esta herida.

¡La buena noticia!

Cuando trabajas en tu herida, existen posibilidades maravillosas que puedes aprovechar de la máscara de rigidez, tu **elefante** tiene siete grandes ventajas:

1. Son personas generosas, siempre buscan que todos tengan lo que merecen.
2. Son justos.
3. En el trato con los demás suelen no hacer diferencias.
4. Desprecian la discriminación.
5. Son creativos.
6. Saben encontrar a la persona adecuada para hacer trabajos específicos.
7. Son sensibles y conocedores de lo que los demás sienten.

¡Felicidades! Conocer tu herida y tu máscara es el primer paso para una vida plena y hoy cuentas con esta información que te será muy valiosa de aquí en adelante. Te sugiero que la lista con las doce respuestas, la copies y la pegues en un lugar donde la puedas ver diariamente. Si las realizas todos los días, te aseguro que te sentirás mejor.

Como podemos observar en los ejemplos y ejercicios anteriores, hay muchísimas ventajas en dejar de lado la máscara que hemos concebido desde el **miedo** que creamos en la infancia de repetir la herida.

Este autoconocimiento nos hace ser más libres para vivir en plenitud, sin herir y sin sufrir innecesariamente. Es increíble la felicidad y la libertad que nos da dejar de lado el miedo y vivir la vida con confianza y apertura, pues dejamos de verla como un obstáculo a vencer y podremos comenzar a verla como una maravillosa aventura por descubrir.

Capítulo 6
Tu personalidad

Todo hombre tiene tres variedades de carácter: el que realmente tiene; el que aparenta, y el que cree tener.

ALPHONSE KARR [23]

Hemos llegado al capítulo que habla del descubrimiento de la personalidad y los valores que necesitamos enfatizar de acuerdo con nuestro temperamento, huella de nacimiento y herida primaria. Todo ello es la suma que forma nuestra personalidad, palabra derivada del latín tardío *personalitas,* que a su vez viene de la palabra «persona», denominación que se utilizaba para definir la máscara que portaban los actores de teatro en la Grecia antigua.

Desde ese entonces se hablaba en un sentido amplio de «personas» para referirse a los roles o representaciones de cada actor, de aquí deriva la palabra «personaje» que significa el conjunto de asociaciones mentales que los demás hacen sobre nosotros.

En resumen, la ecuación de la personalidad, o el personaje que creamos en nuestra vida, queda expresada de esta manera:

---

23. Crítico, periodista y novelista francés (1808-1890).

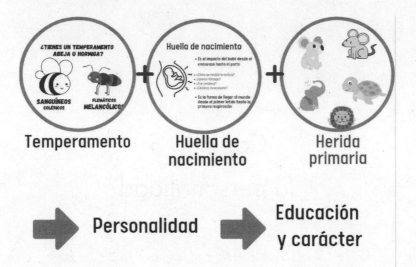

Se sabe que el temperamento tiene una base genética y que el carácter se forma a partir del mismo, en él se asimilan vivencias y experiencias que proporciona el entorno, además de los vínculos interpersonales, la familia a la que pertenecemos y la educación que recibimos. Todas estas variables generan una relación intrapersonal, es decir, con nosotros mismos.

La personalidad es una construcción psicológica que se refiere a un conjunto que cambia constantemente debido a las vivencias y circunstancias que nos hacen reaccionar de manera única ante una determinada situación. Son las características o el patrón de sentimientos, emociones y pensamientos ligados al comportamiento, que veremos más adelante, lo que la conforma. (Puedes revisar en Internet el modelo de los Cinco Grandes [24]). Sigamos, el concepto de personalidad también puede definirse como: «Patrón de actitudes, pensamientos, sentimientos y repertorio conductual que caracteriza

---

24. Varios grupos de investigadores independientes descubrieron y definieron los cinco grandes factores de la personalidad mediante investigación empírica agrupándolos en: Apertura a la experiencia, responsabilidad, extraversión, amabilidad y estabilidad emocional.

a una persona, y que tiene una cierta persistencia y estabilidad a lo largo de su vida, por lo que ese patrón la vuelve predecible».

Es decir, cuando conocemos a una persona desde tiempo atrás, podemos saber si algo le va a gustar, si le va a dar igual, o si se va a enojar, pues la personalidad de cada individuo se muestra como un patrón de reacciones.

Según Gordon Allport[25] la personalidad es: «La organización dinámica de los sistemas psicofísicos que determina una forma de pensar y de actuar única en cada sujeto en su proceso de adaptación al medio».

Cada persona al nacer ya tiene su propia personalidad con ciertas características que, con el paso del tiempo, más el factor ambiental y las circunstancias, es como se le definirá. Por lo tanto, su personalidad será fundamental para el desarrollo de sus demás habilidades y para su integración con grupos sociales.

Basada en mi método *Los 8 valores para la crianza efectiva* les resumo aquí que nuestra **personalidad** está conformada por:

1. Temperamento

+

2. Huella de nacimiento

+

3. Herida primaria

Te presento aquí un ejemplo, el mío: Yo tengo un temperamento colérico; más una huella de nacimiento derivada de haber sido acuchillada al nacer cuando se le fue el bisturí al cirujano que, por ende, me hizo estar a la defensiva con la vida; más una herida primaria de traición que me lleva a ser un leoncito... Como resultado, soy una mujer colérica que continuamente está a la defensiva y además controladora... ¡Ufffff...!

---

25. Psicólogo estadounidense, representante de la piscología de la personalidad (1897-1967).

¡Te imaginas qué personalidad tengo! Pues a esta personalidad aún le falta incorporar la formación del carácter, que se crea con la manera en la que fuiste educado. En mi caso, mis padres tenían reglas muy claras, pero, como soy la mayor, me hicieron ser responsable de mis hermanos y, sobre todo, de lo que hacían. También viví cierta inestabilidad emocional debido a la situación económica cambiante de mi familia y a un entorno físicamente desordenado que me confundía.

Ahora comprenderás por qué este tema me apasiona, ya que surge desde mi necesidad de conocerme y comprenderme a mí misma, pues al tener un accidente casi mortal cuando tenía 19 años, tomé la decisión de estar en mejora continua y auto observarme para nunca más ponerme en una situación de riesgo. Y lo más importante, aprendí a amar mi vida y a vivir conforme a lo que yo quiero para mí.

Y así he descubierto que sea cual sea tu historia, la forma en la que fuiste educado, los golpes de la vida que hayas sorteado y todas las diversas situaciones que pudiste haber pasado, han tenido un propósito: **formar tu carácter.**

Ernst Kretschmer[26], afirma que el carácter «resulta del conjunto de las características biológicas fundamentales basadas en los sustratos anatómico-fisiológicos de la constitución individual y de las características que se desarrollan bajo la influencia del ambiente y de especiales experiencias individuales».

Por lo tanto, el carácter se forma principalmente sostenido por cinco áreas que se educan, y la familia tiene una enorme influencia al respecto. Revisémoslas juntos:

1. Extraversión o introversión

Las personan extrovertidas se caracterizan por ser altamente sociales, tienden a estar acompañados; en situaciones sociales son muy

---

26. Médico psiquiatra y neurólogo alemán (1888-1964).

abiertos y además evitan la soledad. Experimentan con frecuencia emociones positivas tales como alegría, satisfacción, excitación, etc. Son asertivos y habladores, necesitan constante estimulación (sensaciones nuevas).

Las facetas de la extroversión son:

- Cordialidad
- Gregarismo
- Asertividad
- Actividad
- Búsqueda de emociones
- Emociones de alta vibración

Las personas introvertidas se caracterizan por ser reservadas, introspectivas, tranquilas, poco dependientes de otros, y prefieren lo conocido y habitual. Tienen tendencia a estar solos, ya que no les agradan las situaciones sociales muy animadas, lo cual no quiere decir que sean asociales. Sí disfrutan del contacto social, pero de distinta manera. En círculos cerrados de amigos pueden ser tan animados y habladores como los extrovertidos.

Las facetas de la introversión son:

- Prudencia
- Aislamiento
- Baja asertividad
- Tranquilidad
- Complacencia hacia los demás
- Emociones de baja vibración

Toma nota de la forma en que fuiste educado o educas a tus hijos. Para ti, ¿la libre expresión y la extroversión es fundamental? ¿Prefieres la prudencia y la introversión? No hay respuestas buenas ni malas, simplemente son estilos que forman la personalidad y es importante que anotes tu respuesta con sinceridad, para que hagas un retrato de tu formación.

Anota:

....

....

....

....

2. Apertura o cerrazón a la experiencia y al cambio

Sus elementos constituyentes son la imaginación activa, la sensibilidad estética, la atención a las vivencias internas, gusto por la variedad, curiosidad intelectual e independencia de juicio. Las personas abiertas son originales e imaginativas, curiosas del medio externo e interno, se interesan por ideas nuevas y los valores no convencionales.

Su **apertura** consiste en que son personas dispuestas a vivir diversas experiencias, son curiosas intelectualmente, aprecian el arte y son sensibles a la belleza. Además, son más creativas y están más conscientes de sus sentimientos y siempre tienen los pies en la tierra. Es más probable que tengan creencias no convencionales.

Lo opuesto es **cerrarse.** Quienes se cierran son personas con poca disposición a la apertura, tienden a tener intereses más convencionales y tradicionales. Prefieren lo sencillo y lo obvio antes que lo complejo, ambiguo y sutil. Pueden ver el arte y las actividades no convencionales con sospecha, ya que consideran que estas actividades son inútiles y no prácticas. Prefieren familiaridad antes que novedad. Son conservadoras y resistentes al cambio.

Las facetas de la apertura o cerrazón son: Fantasía, estética, sentimientos, acciones, ideas y valores. Cómo recibimos estos estímulos determina nuestras características.

Toma nota de la forma en que fuiste educado o educas a tus hijos. Para ti, ¿la apertura es fundamental? ¿Prefieres tus propias ideas y te molesta escuchar nuevas formas de pensar? No hay respuestas buenas ni malas, simplemente son estilos que forman la personalidad y es importante que anotes tu respuesta con sinceridad, para que hagas un retrato de tu formación.

Anota:

....

....

....

....

3. Responsabilidad o relajamiento

Tiene sus bases en el **autocontrol,** no solo de impulsos, sino que también en la planificación, organización y ejecución de tareas. Por esta razón a este factor también se le ha denominado como «voluntad de logro», ya que implica una planificación cuidadosa y persistente de sus metas. Además, está asociado con la responsabilidad, confiabilidad, puntualidad y escrupulosidad. La persona con conciencia es voluntariosa y determinada, de propósitos claros. Las facetas de la responsabilidad son: Competencia, orden, sentido del deber, necesidad de éxito, autodisciplina y deliberación.

El polo opuesto es más **laxo, informal y descuidado** en sus principios morales. Las facetas de la irresponsabilidad son: Incompetencia, desorden, bajo sentido del deber, conformismo, flojera e indecisión.

Los beneficios de una alta responsabilidad son obvios. Los individuos responsables evitan los problemas y logran altos niveles de éxito mediante la planificación y tenacidad. También son considerados por los otros como inteligentes y fiables. Lo negativo que tienen es que pueden ser perfeccionistas compulsivos y adictos al trabajo (*workaholic*).

Toma nota de la forma en que fuiste educado o educas a tus hijos. Para ti, ¿la responsabilidad es fundamental? ¿Prefieres el apapacho a cumplir con tus obligaciones? ¿Consideras que la felicidad es más importante que la responsabilidad? No hay respuestas buenas ni malas, simplemente son estilos que forman la personalidad y es importante que anotes tu respuesta con sinceridad, para que hagas un retrato de tu formación.

Anota:

....

....

....

....

4. Cordialidad o competitividad

En su polo positivo, el individuo es **altruista, considerado, confiado y solidario**. Las facetas de la cordialidad son: Confianza, franqueza, altruismo, modestia, sensibilidad hacia los demás y actitud conciliadora.

En su polo opuesto el individuo es **egocéntrico, escéptico y competitivo**. Su polo positivo se refiere a la docilidad para establecer relaciones interpersonales. Sin embargo, tiende a establecer relaciones hostiles. Pese a que social y psicológicamente se ve más saludable el polo positivo, no necesariamente es así, ya que la «nula necesidad de agradar a otros», y tener un alto escepticismo y pensamiento crítico es indispensable para el desarrollo de muchos ámbitos del quehacer humano como por ejemplo la ciencia.

Toma nota de la forma en que fuiste educado o educas a tus hijos. Para ti, ¿la excelencia es fundamental? ¿Prefieres ayudar a otros? ¿Crees que el mundo es competitivo y es necesario superar a los demás? ¿Crees que el propósito de vida fundamental es ayudar a otros? No hay respuestas buenas ni malas, simplemente son estilos que forman la personalidad y es importante que anotes tu respuesta con sinceridad, para que hagas un retrato de tu formación.

Anota:

....

....

....

....

5. Estabilidad o inestabilidad emocional

Es un rasgo del carácter que genera en la persona estable reacciones medidas, controladas, meditadas y tranquilas que son afables y fáciles de integrar a la sociedad. Las facetas de la estabilidad emocional son: Amabilidad, satisfacción personal, integración social, tranquilidad y **manejo inteligente de las emociones.**

Ahora bien, la inestabilidad emocional genera ansiedad, exceso de preocupación y rigidez que crean sentimientos y emociones negativas. Se caracteriza por la falta de homogeneidad en la conducta, es decir, las personas reaccionan de manera distinta y se vuelven impredecibles. También tienen **baja tolerancia al estrés y son poco sociables.** Las facetas de la inestabilidad emocional son: Ansiedad, hostilidad, depresión, nerviosismo social, impulsividad y vulnerabilidad.

Toma nota de la forma en que fuiste educado o educas a tus hijos. Para ti, ¿la estabilidad emocional tanto tuya como de tu familia es fundamental? ¿Consideras que cada quien debe mostrarse como es y el autocontrol es una limitante? ¿Te gusta explorar tu interior o lo resistes? No hay respuestas buenas ni malas, simplemente son estilos que forman la personalidad y es importante que anotes tu respuesta con sinceridad, para que hagas un retrato de tu formación.

Anota:

....

....

....

....

Como vemos, los rasgos del carácter son las habilidades necesarias para cohabitar en el mundo social, en el que convivimos con personas distintas, únicas e irrepetibles, donde cada uno de nosotros tiene igualdad de derechos para existir por lo que la extroversión, la apertura, la responsabilidad, la cordialidad y la estabilidad emocional, constituyen valores fundamentales de la sana convivencia en cualquier lugar en el que nos encontremos y los padres tenemos una enorme influencia en esta formación, por lo tanto, vale la pena aplicarnos en ello.

Enumera del 1 al 5 la prioridad que pones a cada una de las formaciones del carácter, esto es, el peso que significa cada una en ti, y así tendrás un retrato de la manera en que tu carácter fue pulido o cómo estás puliendo el de tus hijos.

1. **Extraversión** ....
2. **Introversión** ....
3. **Apertura a la experiencia/cambio** ....
4. **Cerrazón a la experiencia/cambio** ....
5. **Responsabilidad** ....
6. **Relajamiento** ....
7. **Cordialidad** ....
8. **Competitividad** ....
9. **Estabilidad** ....
10. **Inestabilidad emocional** ....

Con estas respuestas te darás cuenta de tu estilo de formación y la manera en que fuiste educado. El carácter toma de estos rasgos la voz interna, esa voz que a veces te regaña o te dice «vas bien». Con este descubrimiento se completa la investigación personal en el proceso de la configuración de tu personalidad o la de tus hijos.

Capítulo 7
La personalidad y las relaciones interpersonales

Tan solo por la educación puede
el hombre llegar a ser hombre.
El hombre no es más que
lo que la educación hace de él.

Immanuel Kant [27]

Ante la confusión de la gran cantidad de valores que hay, las críticas que existen para educar y la suma de corrientes educativas, es necesario tener un modelo que defina el valor primordial a inculcar de acuerdo con la etapa de la vida de nuestros hijos. Es importante notar que disponemos tan solo de 18 años aproximadamente para formar su futuro, por lo que resulta prioritario contar con un método base para formarles valores y no caer en la vorágine de los más de **50 valores eje** que rigen al mundo.

Los valores humanos son los actos y virtudes que nos permiten interactuar o convivir con otros individuos para tener una sociedad

---

27. Filósofo y científico prusiano de la Ilustración (1724-1804).

en armonía, ya que permiten el bienvivir, y se transmiten a los otros para el bienvivir de la sociedad. Sus características son:

Durabilidad: Son permanentes en el tiempo y época histórica.

Flexibilidad: Pueden cambiar según las experiencias y necesidades de cada individuo.

Jerarquía: Unos son superiores a otros.

Polaridad: Cada valor tiene su contravalor.

Satisfacción: Quienes los practican se sienten bien.

También hay valores políticos y sociales que facilitan la conformación social y la convivencia; los valores económicos, que son el sustento y los bienes materiales necesarios para la vida; los valores éticos y morales, que son un conjunto de reglas o normas que nos permiten hacer el bien; y los valores estéticos, que nos hacen ver la percepción o el concepto de la belleza.

Entonces, para poder llevar a cabo una educación en valores es necesario combinar y dar prioridad a los siguientes:

Valores humanos

1. Sinceridad
2. Perdón
3. Responsabilidad
4. Comprensión
5. Solidaridad
6. **Tolerancia**
7. **Autosuficiencia**
8. Alegría
9. Patriotismo
10. Crítica constructiva
11. Puntualidad
12. Empatía
13. **Aceptación**
14. Amor

15. Optimismo
16. Gratitud
17. Paciencia
18. Humildad
19. **Autodependencia**
20. **Límites**
21. Pulcritud
22. Respeto
23. Autodominio
24. Decencia
25. **Indagación**
26. Lealtad
27. Docilidad
28. Sensibilidad
29. Generosidad
30. Familia
31. **Autoconciencia**
32. Aprendizaje
33. Superación
34. Servicio
35. Prudencia
36. Responsabilidad
37. Sencillez
38. **Sociabilización**
39. Voluntad
40. Amistad
41. Compasión
42. Desprendimiento
43. Educación
44. Valentía
45. Amabilidad
46. Autoestima
47. Coherencia

48. Confianza
49. Laboriosidad
50. Serenidad

Valores universales

1. Respeto
2. Libertad
3. Bondad
4. Justicia
5. Igualdad
6. Amor
7. Honradez
8. Solidaridad
9. Amistad
10. Paz

¿Cómo hacer un modelo de crianza basado en valores?

De acuerdo con mi experiencia y estudios en los diferentes temas, en especial los que realicé durante mi maestría en Educación para la Paz[28], he formulado un método que divide la crianza en ocho etapas y para cada una he elegido un valor que puede sostener la prioridad del enfoque por etapas educativas, tomando en cuenta los estudios sobre los estadios de conciencia de Jean Piaget y Lawrence Kohlberg. Por consiguiente, he definido un modelo de crianza basado en las etapas del desarrollo de la conciencia de los niños que resulta sencillo de aplicar.

Para reforzar el método se pueden colocar letreros escritos por los mismos niños, para recordar la etapa en que se encuentran y el valor correspondiente.

---

28. Universidad Albert Einstein, pertenece a la Global Foundation.

Realmente son 18 años, poco más poco menos, de oportunidades ilimitadas para forjar a nuestros hijos en la vida y guiarlos hacia la formación de su «conciencia antecedente», es decir, que piensen antes de hacer las cosas, lo cual moldeará seres determinados, que piensan por sí mismos, que toman sus propias decisiones y que están listos para enfrentar los cambios constantes del nuevo milenio.

Fases para formar valores

Fase 1

- **Embarazo,** el valor de la aceptación
- **0 a 1 años,** el valor de la tolerancia.
- **1 a 2 años,** la autoconciencia.
- **2 a 4 años,** los límites.

Fase 2

- **4 a 7 años,** la autodependiencia.
- **7 a 10 años,** la sociabilización.
- **10 a 13 años,** la indagación.
- **13 a 18 años,** la autodeterminación.

Este modelo de crianza se puede aplicar también para la vida de las personas adultas, puesto que estos ocho valores constituyen el pilar de soporte de cualquier ser humano:

1. Aceptación

La base de todas las personas es la aceptación de ellas mismas. Sin este valor se les complica caminar por la vida, por ello son los pies de cualquier individuo. Si bien mi propuesta de crianza es vivir la aceptación al máximo en el embarazo como valor fundamental de la etapa, es algo que se debe manifestar toda la vida, pues como padres debemos aceptar a nuestros hijos sin importar su edad, de tal manera que ellos puedan aceptarse a sí mismos.

Sin embargo, no importa si no fuimos hijos aceptados por nuestros padres o por la gente, nosotros tenemos la responsabilidad de buscar esta **aceptación** por nosotros mismos, ya que será la base de nuestra personalidad.

2. Tolerancia

Al nacer es imprescindible formar la práctica de la tolerancia, puesto que el bebé, poco a poco, debe comprender que existe un lapso entre su deseo y lo que realmente obtiene. Ya no es como cuando estaba en el vientre, en donde todas sus necesidades estaban cubiertas en automático. Ahora, paulatinamente, debe esperar. Y así será en la vida, todos debemos esperar para lograr lo que deseamos, ya que todavía no existe una varita mágica de la inmediatez. Entre más tolerante sea una persona, más fácil será para ella la vida.

De la misma forma, los padres deben mostrar tolerancia ante el bebé y atenderlo con amor, puesto que sus gritos y el descontrol pueden generarle un sentimiento de que molesta o de que no merece atención.

3. Autoconciencia

Entre uno y dos años el bebé va tomando conciencia de sí mismo. Descubre que ya no es uno mismo con su mamá y que es un ser aparte, en toda la expresión de la palabra. Esta autoconciencia valida la ley universal de causa y efecto, pues toda acción tiene una reacción y al comprenderlo se embona en él la **responsabilidad.**

Por eso los bebés de esta edad tiran cosas al suelo, para comprender qué sucede y así es como conocen la ley de gravedad. Lo mismo sucede cuando caminan y se caen. De esta forma comprenden que, en cada caída, es necesario levantarse y que para no caer, es necesaria la cautela.

4. Límites

La vida en sí misma tiene límites, sin ellos moriríamos quemados, atropellados, en una caída o algo similar. El niño entre 2 y 4 años, quiere estirar la liga para saber en dónde se encuentra el límite y, por ello, constantemente está tratando de hacer su voluntad. La importancia de poner límites tiene que ver con la prevención futura de los riesgos al saber que hay hechos y actitudes que no se pueden tolerar. Los límites sociales sirven para poder vivir en sana convivencia; y los físicos para la preservación de la vida. Simplemente hay líneas que no se atraviesan porque se arriesga la **integridad.**

5. Autodependencia

Cuando un niño entre cuatro y siete años no aprende las cosas básicas para interactuar con la sociedad, queda en extrema vulnerabilidad, pues todos tenemos la obligación de ver por nosotros mismos. Si en esta etapa los padres le solucionan todo, desde cortar su carne, vestirlo o hasta completar las oraciones al leerle la mente, estarán bloqueando un pilar indispensable para la vida humana que requiere aprender a profundidad.

En las primeras etapas la autodependencia es simple: Hablar, comer, vestirse, escribir, leer, saber su nombre, apellido, dirección y teléfono. Sin embargo, para la persona formada es más complejo, pues de esta manera crea su posición y sus recursos en el mundo para subsistir. En un extremo grave, la gente que no logra ser autosuficiente tiene que vivir de la beneficencia pública o de algún pariente piadoso.

6. Sociabilización

Entre los siete y los diez años el niño necesita saber interactuar con sus pares, o sea con niños de similar edad. Por ello son una gran herramienta los juegos de mesa, en los cuales los padres deberán poner sus límites, reglas y hacer que todos las cumplan. Además, es una forma social regulatoria que genera sana convivencia y sentido de comunidad. Parece simple que los niños jueguen, sin embargo, conlleva un patrón de adaptabilidad y negociación que resulta una piedra angular para la vida en cualquier sentido. Ya sea que se trate de un director de empresas, de una ama de casa, de un ingeniero, de un voluntario... La capacidad de establecer reglas y límites es vital para el sano desarrollo en el sentido más amplio de la palabra.

7. Indagación

Las respuestas ante los millones de interrogantes del mundo actual se pueden encontrar a un clic de distancia en Internet, sin embargo, el discernimiento es la manera de buscar y hacer las preguntas necesarias, lo cual es básico para tener un buen desarrollo personal y profesional. Por ello los niños entre diez y trece años, que es cuando entran a la etapa de la preadolescencia, requieren saber plantear e investigar, para que en el futuro el hábito de la indagación quede incorporado en su proceso mental y así descubran el mundo por sí mismos.

En esta etapa de la educación los maestros dejan usualmente muchas tareas de investigación y trabajos en equipo, para que puedan incorporar al mismo tiempo su capacidad de sociabilización y de indagación de manera simultánea. Ambas son cualidades indispensables de cualquier profesionista actual.

8. Autodeterminación

De acuerdo con Piaget, a partir de los trece años aparece en los preadolescentes el juicio crítico, pues su cerebro ha madurado y con él los procesos asociativos necesarios para tomar decisiones. La vida de cualquier persona puede verse mermada si no tiene la capacidad de autodeterminación, porque no puede decidir por sí mismo lo que más le conviene. Por ello, los hábitos tan sencillos como despertarse, prepararse el desayuno, hacer la tarea por sí mismos, sacar buenas calificaciones y conocer los riesgos de cada decisión que se toma, son vitales.

Cuando una persona carece de autodeterminación, es un adulto que deja las cosas a medias, ya que no decide, no planea un futuro porque tampoco cuenta con la habilidad de abrirse paso por la vida.

Como vemos, el modelo del *Método de 8 valores para la crianza efectiva* no solo es importante durante la crianza, aunque ahí se forma, sino que es imprescindible para la vida de cualquier persona completa, plena, desarrollada y sana.

Lo que más felicidad aporta a nuestras vidas es el cumplimiento de nuestros sueños y sin estos 8 valores bien afianzados, afirmo, sin temor a equivocarme, que nos sería más complicado alcanzar nuestros objetivos ya que careceríamos de bases sólidas para poder crearlos.

Capítulo 8
Los 8 valores para la crianza efectiva

Acusar a los demás de los infortunios propios es un signo de falta de educación. Acusarse a uno mismo, demuestra que la educación ha comenzado.

Epicteto de Frigia[29]

La cantidad de ideas que una persona puede pensar son limitadas, pues no podemos pensar en todo, todo el tiempo. Tenemos un tope, pues la mente determina qué espacio ocupa cada idea, y nada más se puede tener un pensamiento al mismo tiempo. Aunado a la limitación para albergar ideas, existe una enorme crítica social que genera culpa al hacer algo o no, puesto que lo que está «bien» para los hijos es totalmente relativo, ya que resulta un traje a la medida de acuerdo con su personalidad, aunque con base en los valores universales.

---

29. Filósofo griego (55-135).

Por ello, considero sumamente necesario un método sencillo y fácil de recordar que divida los 18 primeros años en ocho bloques, y que, así como los legos, se apilen uno en otro para embonar con un modelo de persona que viva realmente los valores a través de la autodeterminación, que la libra de las manipulaciones sociales, globales e intrapersonales, construyendo a un individuo fuerte y decidido que cuente con las habilidades necesarias para crearse un futuro de éxito.

En la vida planeamos casi todo: La fiesta de quince años, las vacaciones, el tema de la tesis, la boda… ¿por qué no planear la crianza de nuestros hijos? Adicional al método que te presento yo, en el libro «*Mamás Millennial*» podrás encontrar las **100 preguntas para educar en la era digital** y, lo mejor del caso, es que es un libro de trabajo, es decir, el lector es co-creador del libro. Cada pregunta contiene varias respuestas, seguido de un espacio para que tú llenes tus propias ideas y contestaciones, pues nadie sabe mejor que tú, lo que es mejor para tus hijos.

La idea es ser como las mamás y los papás pato, ¿sabes cómo son? ¿Te has fijado como son las patas con sus patitos? Para mí, la pata es un ejemplo de la naturaleza de lo que es ser una buena mamá. Las patas caminan muy firmes, decididas y seguras, se ve en ellas una confianza absoluta en que sus patitos la seguirán a donde sea, harán lo que ellas dicen y obedecerán porque ellos saben que mamá pata sabe lo que hace y gracias a ella se librarán de diversos peligros. Jamás he visto a una pata discutiendo con sus patitos sobre por qué hay que caminar a tal velocidad o echarse al agua. Tampoco la he visto pidiéndole instrucciones o consejos a sus patitos, y menos la he visto tomando café con otras mamás patas, para ver qué hace respecto a sus ideas y conceptos. Ellas confían en sí mismas y es lo que propongo que hagas como mamá o papá: Sé como una mamá pata.

Tener miles de ideas, teorías, conceptos, consejos, prácticas y suposiciones sobre lo que es ser «mamá» y «papá», y cómo hacerlo está padrísimo, pero son tiempos de crear tu propia brújula.

¿Qué es tu propia brújula? Es ese radar interno que te dice lo que debes hacer o no, es la intuición puesta al servicio de la maternidad y paternidad. Es el filtro entre los millones de conceptos, que muchas veces se oponen unos a otros, y que te da claridad de cuál es el que a ti te late.

Cuando no escuchamos nuestra propia intuición, y nos dejamos confundir por un sinfín de ideas que existen sobre la lactancia, la crianza, la alimentación, los cuidados, el sueño, los límites y un larguísimo etcétera, nos vamos convirtiendo en lo que yo llamo «gallinas sin cabeza».

¿Quiénes son las gallinas sin cabeza? Cuando las están preparando para cocinarlas, lo primero que hace el cocinero es cortarles la cabeza, pero hay un instante que el cuerpo se sigue moviendo como loco y corre en todas direcciones para salvar su vida, aunque sabe que ya ha perdido la cabeza. De esta forma los padres podemos convertirnos en gallinas sin cabeza cuando dejamos que nuestros hijos manden, que los medios nos confundan, que adoptemos una idea y luego otra y luego otra y luego otra sin sentido, lo cual nos deja sin dirección…

Yo también fui mamá joven. Yo también tuve los sentimientos horribles de culpa. Yo también pasé por las grandes decisiones sobre sacarlos de mi cuarto a los tres/cuatro meses y oírlos llorar. Yo también tuve que visitar cincuenta escuelas para decidir cuál sería la mejor. Todos hemos pasado por eso y todos nos hemos sentido en algún momento abrumados, confundidos y alterados, como una gallina sin cabeza. Aquí la gracia es no vivir siempre así.

¿Qué podemos hacer para convertirnos en una mamá pata millennial o un papá pato millennial en vez de una gallina sin cabeza? Requerimos recuperar la confianza en nosotros. A continuación, te doy unos tips para lograrlo:

- En vez de leer textos que te confunden, quédate con la idea que te haga un clic interno, que te haga sentir cómodo y tranquilo.

- No pruebes de todo, porque terminarás más alterado y sin saber qué hacer, porque todo funciona un poco.
- Recuerda que «educar sin culpa es lo mejor».
- Perdona tus errores, si hoy encontraste los mejores pañales para tu hijo y batallaste meses para encontrar unos buenos, no te culpes por no habérselos puesto desde el principio, alégrate por haberlos encontrado ahora.
- Trabaja en ti mismo. He descubierto que cuando tenemos hijos pequeños, dejamos a un lado el trabajo personal. Yo te recomiendo que lo pongas en el #1 de la agenda porque entre el cansancio, el quehacer del día y el manejo constante de la frustración de escuchar llorar a tu bebé, lo que requieres es ponerte en sintonía personal.

Con estos tips te aliento a ser la mamá o papá pato que tus patitos merecen. Ningún patito tiene por qué cargar con la responsabilidad de tomar las decisiones de sus padres, más bien merecen ser educados con **firmeza, responsabilidad** y **determinación,** ya que así podrán caminar seguros por la vida. Por supuesto que seguros no quiere decir perfectos, todos nos vamos a equivocar por ley de vida. Pero la seguridad te ayudará a no culparte y a ser más compasivo contigo mismo.

Nuestros hijos necesitan respuestas, no más preguntas.

El método de 8 valores para la crianza efectiva

En el mundo moderno súper informado y con una vorágine de ideas que nos invitan a la duda constante, **el método de 8 valores para la crianza efectiva** te ofrece una alternativa ordenada, sencilla y lógica para enfocarte en un solo valor a la vez e ir haciendo del proceso del desarrollo, desde el nacimiento hacia la infancia y juventud, algo sencillo.

A continuación enumeraré y presentaré con amplitud los 8 valores principales y sus etapas:

Valor 1. Aceptación

Fase 1: Embarazo

La aceptación de esta etapa es crucial para el bebé que está por llegar y en base en ella se construye.

Como mamá/papá se requiere fluir con el momento, aceptar y hablar desde la panza con tu bebé y no cargarlo de expectativas

El embarazo es la etapa en la que empieza la relación con tu bebé. Desde la concepción hay un significado especial que marcará para siempre su vida. Por ello, la **aceptación** que sientas ante esta nueva circunstancia de vida será reconocida por tu hijo como amor ante su llegada, ya que desde su inicio se va definiendo su personalidad.

Para la mamá:

Es importante que te mantengas en forma, con buen humor y que no cargues cosas pesadas porque las lesiones en las rodillas y espalda cuando estás embarazada te duran toda la vida. Sin embargo, lo más importante es que estés tranquila, ya que todos tus sentimientos los estás filtrando a tu bebé y serán parte de su temperamento.

Disfruta tu conexión con él en estos meses, pues es cuando estás más cerca del poder creativo y de tu interior.

Es recomendable usar ropa holgada y poco ajustada que muestre al bebé que tiene espacio suficiente para crecer y desarrollarse, es una forma de que sienta aceptación. Lo mismo sucede con el peso, es necesario **aceptar** que subirás un poco de peso, pues llevar dietas restrictivas por el miedo a engordar, le transmitirá una sensación de que no es bueno nutrirse y está demostrado que cuando esto sucede, el niño se niega a comer o cuesta mucho trabajo alimentarlo.

Cada etapa de tu embarazo y cómo te relacionas con la vida que hay dentro de ti es la estructura que formará a tu hijo. La vida y la conciencia (me doy cuenta de), inician en el vientre materno desde el momento de la concepción.

Todas las emociones que sienta la madre desde la concepción hasta el nacimiento, también las va a sentir el bebé. ¿Cómo? Mediante reacciones químicas. Si siente miedo, ansiedad, angustia… el cerebro (hipotálamo) va a enviar un mensaje a las glándulas suprarrenales, las cuales van a segregar adrenalina (cortisol y adenocortitrofa, hormonas encargadas de la huida), que van a correr por el torrente sanguíneo hasta llegar a la placenta, e instantes después al cordón umbilical y en seguida al bebé, quien va a **sentir** (mas no comprender) siempre lo que siente su madre.

De acuerdo con el punto anterior, hay una teoría que sustenta que el 70 por ciento de las enfermedades del adulto comienzan a gestarse en la vida uterina, por ello es muy importante que las mujeres embarazadas traten positivamente sus emociones, pues **cada pensamiento genera una emoción, la cual, a su vez, genera una reacción física en el cuerpo.** Es decir, los pensamientos de la mamá son captados específicamente por el hipotálamo del bebé. Lo que percibe como un sentimiento, adquiere un tono emocional y posteriormente se convierte en una sensación física.

Las reacciones físicas desencadenadas por tus emociones se originan en estos dos sistemas: Endocrino y Nervioso autónomo.

Cuando una mujer embarazada tiene algunos momentos de tensión, también tiene una excesiva secreción hormonal, lo que sobrecarga su sistema nervioso. Es decir, cuando una mujer vive con una emoción constante durante su embarazo, de igual forma vive con la sustancia química que genera esa emoción, ya que circula por todo su cuerpo. Y estas sustancias son captadas por el bebé a través del cordón umbilical.

El vientre materno es el entorno del bebé, pero si está lleno de sustancias de estrés o emociones negativas, el útero se convertirá en un ambiente poco favorable y el niño podrá presentar problemas físicos como complicaciones gástricas, problemas emocionales o intelectuales, así como dificultad para el aprendizaje.

A partir del **sexto o séptimo mes** de gestación, tu bebé tiene la capacidad de discernir tus emociones y sentir lo que tus pensamientos están generando. Lo más increíble es que también empieza a responder ante ellas. Si constantemente tienes pensamientos negativos, tu bebé los sentirá y quizá comience a patear o a manifestar su incomodidad. Incluso cuando ha habido maltrato de la pareja o de otras personas, el bebé, al escuchar la voz del agresor, tenderá a llorar y a incomodarse cuando nace. La memoria de lo que sucede en el embarazo tiene un impacto en la relación con la vida.

Cuando un embarazo no fue deseado, se ha comprobado que el bebé siente que no merece estar vivo y se puede manifestar más adelante a través de conductas destructivas o de falta de adaptación. Si fue la madre quien no deseaba o escondió su embarazo por meses, la reacción del bebé será de no querer ser visto o reconocido por los demás, pues tiende a no destacar por no querer mostrar su presencia en el mundo.

Si por el contrario, el bebé fue deseado y la madre le hablaba y le ponía música, el vínculo con la madre será sano y fuerte, pues el bebé estará acostumbrado a esa buena relación a través de las emociones de amor que ella le transmitió. Lo mismo sucede si la pareja le habla o acaricia el vientre de la madre, el niño tenderá a ser muy feliz al estar con los dos.

Si una mujer está feliz y relajada durante su embarazo, las emociones positivas permitirán que el bebé se desarrolle mucho más sano. Por eso, para muchas madres es frustrante el hecho de saber que están sintiendo emociones que no son las adecuadas para su bebé. En vez de frustrarte por lo que sientes, puedes explicar a tu bebé que estás sintiendo X o Y, pero que eso no tiene nada que ver con el amor que sientes por él. También es recomendable que realices un autoexamen emocional para descubrir todos los sentimientos que traes dentro. Si te percatas de que hay algunas emociones que no son fáciles de tratar, es recomendable que busques ayuda profesional.

Recuerda que el amor y la aceptación hacia tu bebé ya lo está protegiendo. Está comprobado que, en un alto porcentaje, las emociones positivas logran que el bebé no presente dificultades al nacer, tenga buen peso, coma y duerma mejor y además obtenga mayores habilidades sociales y de aprendizaje.

Otro aspecto importante es la forma en cómo se da el nacimiento. Actualmente hay una gran tendencia a programar cesáreas por el tema de la cobertura de los seguros de gastos médicos o por mayor comodidad. Sin embargo, el parto natural en el que la mamá hace un esfuerzo al pujar hace que el bebé tenga la completa percepción de nacer. Ahora bien, si es indispensable la cesárea, es comprensible que se practique, pero si es por comodidad, miedo o dinero, es mejor que el parto sea de manera natural para darle la oportunidad al bebé de saberse partícipe de su propio nacimiento. Hay estudios que muestran que muchos de los niños que nacen por cesárea, tienden a esforzarse menos, piden ayuda para realizar tareas propias o dejan las cosas a medias, ya que su primer trabajo, que era nacer, fue asistido y no hubo esfuerzo en ello.

También es común que en los partos naturales se administren grandes dosis de oxitocina artificial para estimular las contracciones.

Sin embargo, esta sustancia del amor jamás podrá ser sustituida por un químico, ya que la natural llena al bebé de amor al nacer y por ello es mejor dejar que la mamá la segregue de forma natural y que así el esfuerzo del niño al empujarse con sus piernitas para nacer sea recompensado con el amor que su mamá le trasmite a través del cordón umbilical.

Otro dato interesante es que cuando se manipula al bebé dentro del útero para que cambie de posición o se usan fórceps para sacarlo, existe una tendencia del niño a oponerse a la autoridad, pues el trauma de haber sido forzado y haber estado en peligro de muerte en el alumbramiento, detona estos comportamientos rebeldes.

Después de los primeros momentos en que nace el bebé, es importante colocarlo en el seno de la mamá para intentar que succione el calostro, pues esa conexión que existía en el vientre antes del nacimiento y que se ha interrumpido al cortar el cordón umbilical, ahora es sustituida y reemplazada por la madre, quien da su alimento y amor a su hijo. Esta es la transición natural.

Por supuesto que lo ideal es un parto natural, pero sabemos que las circunstancias del embarazo y nacimiento no son siempre las mejores, pues no hay mamá perfecta y en la vida no se trata de perfección, sino de aprendizaje. Ahora lo importante es que puedas hablar con tus hijos sobre cómo viviste estos primeros momentos y qué era lo que sucedía.

Reflexión del embarazo:

Crea una pequeña historia sobre las diferentes circunstancias del embarazo de cada uno de tus hijos. Te recomiendo escribir una carta para ellos, que les puedes dar o no, para que realices un análisis sobre su llegada al mundo.

a) ¿Cuáles fueron las circunstancias de la concepción?

....

....

....

b) ¿Cómo fue tu embarazo?

....

....

....

c) ¿Cómo fue el nacimiento? ¿Fue parto natural, cesárea o cesárea innecesaria? ¿Cuántas horas estuviste en labor? ¿Se usaron fórceps? ¿Fue difícil o fácil su llegada al mundo?

....

....

....

La concepción y la llegada al mundo del bebé, tiene mucho que ver con el primer valor de la vida, que es la **aceptación,** ya que es el eje rector de nuestra autoestima, nuestra seguridad y nuestra personalidad sana que, al final, son las herramientas esenciales para la felicidad. La frase que te ayudará a reafirmar esta etapa es:

«La aceptación por mi bebé y todas sus características son vitales para que sienta amor, y yo quiero que lo sienta. Acepto que mi vida acaba de cambiar para siempre con su advenimiento y puedo hacer lo mejor que está en mí».

Cabe mencionar que la aceptación es la base de la pirámide, por ello cada etapa requiere **aceptación + el valor correspondiente a la siguiente etapa.**

Autodeterminación

Indagación

Sociabilización

Autodependencia

Límites

Autoconciencia

Tolerancia

Aceptación

¡Escanéame!

La aceptación está representada en los pies, puesto que son la base y el fundamento de nuestra relación con la vida, para generar autoestima, derivada de un auto concepto saludable y benéfico para el desarrollo de la personalidad.

Valor 2. Tolerancia

Fase 1: 0-1 años, la formación de la tolerancia

Tolerancia: Actitud de la persona que respeta las opiniones, ideas, o actitudes de las demás personas; capacidad de resistir y aceptar las circunstancias.

Como mamá y papá se requiere escucha activa, quitar paradigmas, ser flexible y poder adaptarse a las situaciones.

La **tolerancia** es un valor fundamental que nos hace acoplarnos a la vida en sociedad, por lo que es un valor que contiene, en sí mismo, el respeto, el autocontrol, el manejo de la ira y la frustración, y la adaptabilidad al medio. Se refiere a la acción y efecto de tolerar, que se basa en permitir **ser** a la otra persona que es distinto de uno. La palabra proviene del latín *tolerantĭa*, que significa «cualidad de quien puede aceptar». Es también el reconocimiento de las diferencias inherentes a la naturaleza humana, a la diversidad de las culturas, a las religiones o a las diversas maneras de ser o de actuar.

Una persona tolerante puede aceptar opiniones o comportamientos diferentes a los establecidos por su entorno social o por sus principios morales. Este valor se forja desde la cuna, por lo que es importante fomentarlo en nuestros hijos y es de ida y vuelta.

1. Del bebé a los padres:

El bebé debe esperar un poco a cubrir sus necesidades, dependiendo del mes en el que se encuentre como se muestra a continuación:

Los primeros tres meses el tiempo para atender a un bebé, requiere ser inmediato o, dejando pasar cuando mucho tres minutos.

A partir de los tres meses se puede comenzar a tranquilizar al bebé con nuestra voz, por ejemplo, diciéndole: «*Un segundo, cariño, estoy preparando tu baño*», dejando pasar hasta cinco minutos.

A los seis meses, que es cuando ya el bebé se sienta y puede comprender un poco más por la madurez de sus sentidos, podemos espaciar su necesidad hasta siete minutos con el fin y objetivo de fomentar la tolerancia.

A los nueve meses, el bebé comienza a transportarse, a gatear, a darse vuelta y es importante que motivemos que haga actividades por sí mismo. Ya no es necesaria la atención inmediata, pero sí la supervisión constante para descubrir si está a salvo en cada actividad que realiza, como ir por un objeto que le llame la atención o vigilarlo por treinta minutos mientras está junto a nosotros en su cuna con sus juguetes.

Cuando se forma una buena tolerancia del bebé hacia los padres, será sencillo pasar a la siguiente etapa sin berrinches, por lo que vale la pena ir fomentando este valor paso a paso.

2. De los padres al bebé:

Atender al bebé con amor y sin gritos, ya que es muy sensible al ruido estruendoso, por lo tanto, una muestra de tolerancia es hablarle con paciencia y explicarle que estamos en proceso de atenderlo.

Cantar para tranquilizar al bebé es una manera de transmitirle amor. Aunque los padres estén cansados y quieran dormir, él merece sentir que es valioso para ellos y que lo atienden con amor.

Cuando los padres son intolerantes con el bebé y gritan, en él se queda una huella de rechazo que lo hace sentir que no merece amor ni atención.

Tener a tu bebé en brazos como tanto esperaste ahora es una realidad y estarás con él por mucho tiempo. Suena maravilloso, pero atenderlo 24/7 significa no dormir y el cansancio acumulado puede atraer errores, culpas y decisiones que te pueden costar caprichos y consentimientos de por vida. Por ello, es muy importante inculcarle **la tolerancia** para que paulatinamente se vaya haciendo independiente. Te invito a que te centres en este valor y verás qué bien te va. La formación empieza en la cuna. No se vale que la madre o padre sean los únicos que toleren en esta etapa, también el niño debe aprender a hacerlo y a esperar sus alimentos por un minutito, no se trata de matarlo de hambre, sin embargo, es importante que sepa que sus padres son personas con necesidades propias.

Durante el primer año de vida del bebé en cada mes hay una hazaña; le sonríe a mamá, levanta los bracitos para que lo carguen, dice «ma-ma» o «pa-pa»... ¡Cuántas cosas aprende en tan poco tiempo! Está lleno de descubrimientos, pues empieza a comunicarse con los demás, a relacionarse con su entorno y a controlar su cuerpo. Los padres debemos darle todo nuestro apoyo en esta etapa y acompañarlo en la aventura de crecer.

Para conocer mejor cada etapa e ir moldeando la **tolerancia en el bebé,** los primeros doce meses son muy importantes. Por supuesto que cada niño es diferente, pero estas características que te presento a continuación, engloban la generalidad.

Primer mes: El bebé entra en contacto con el mundo. Durante las primeras semanas se va adaptando a su entorno de forma instintiva, pues mueve los ojos en dirección a la luz. Cuando escucha un ruido fuerte, reacciona estirando sus bracitos y sus piernas, y si se le acaricia una mejilla, gira la cabeza. Abre la boca, ya que tiene una gran capacidad de succión, este reflejo le sirve para localizar el alimento. El llanto es su modo de comunicarse, y el significado más habitual de sus lágrimas es «tengo hambre, me siento solo, tengo frío o tengo calor». Cuando llora podemos levantarlo y darle amor. En este mes no llora por llorar, solo es su forma de comunicarse y lo más probable es que nos esté pidiendo algo y debemos esforzarnos por adivinar sus necesidades.

Segundo mes: Empieza a sonreír ante los estímulos externos, como la cara de mamá. Comienza a llevarse el pulgar a la boca para chupárselo. Emite sus primeros sonidos guturales para llamar la atención de los padres y necesita estímulos, por ejemplo, que le hablen, lo abracen y lo cobijen. La presencia activa y constante de sus padres resulta crucial para ayudarle a interpretar el mundo que lo rodea, sobre todo el afectivo.

Tercer mes: Mueve la cabeza y muestra cierto interés por los objetos que se encuentran a su alrededor. Comienza a girarse en dirección a los sonidos. Lo que más llama su atención son los estímulos visuales: Le encanta mirar objetos de colores brillantes que estén en movimiento. Empieza a balbucear. Lo normal es que cierre el puño cuando se le toca la palma de la mano con un dedo. El pediatra, al observar este reflejo, puede valorar el nivel de desarrollo psicomotor que tiene en los primeros meses.

Cuarto mes: El bebé ya sostiene la cabeza perfectamente y comienza a mirarse las manos, a sujetar objetos y a moverlos. Ríe a menudo, muestra interés por la gente, observa detenidamente las caras de quienes le sonríen. No le gusta que lo dejen solo. Es difícil fijar criterios exactos en su desarrollo, así que no hay que preocuparse si evoluciona un poco más despacio. El pediatra es la persona más adecuada para valorarlo.

Quinto mes: Empieza a balbucear, le encanta escucharse, y dice sílabas como ‹aah›, ‹aphu›, ‹ngah› o ‹awa›. Sabe tomar objetos con sus manitas y llevárselas a la boca, responde con una sonrisa a quienes le sonríen, le da alegría cuando ve el biberón... Su humor se ve influenciado por el de los demás y se disgusta si alguien que le estaba prestando atención se va. Necesita que sus padres sean cariñosos y, si ocurre algún contratiempo como ensuciarse el pañal, espera que lo resuelvan sin perder la calma. Por ello, este primer año la tolerancia es vital por parte de los padres, sobre todo de la madre, y se le puede ir explicando: «Ya voy bebé, estoy preparando todo para cambiarte, calma». Así comprenderá que es normal esperar un poco.

Sexto mes: El bebé ya puede incorporarse con algo de ayuda, ya que en este mes es capaz de darse la vuelta. Es importante no dejarlo solo cuando está tendido sobre el cambiador u otras superficies altas, pues podría girarse y caer. Avanza más en sus movimientos: Sujeta el biberón con las manos, cambia los objetos de una mano a otra y echa los bracitos hacia delante para pedir que lo levanten. Empieza a perder interés por sus manos y comienza a mirarse y tocarse los pies y a llevárselos a la boca. En su relación con el entorno muestra clara preferencia por quienes se ocupan de él, especialmente por la madre. Los dientes de abajo le empiezan a salir. Inicia la aventura de probar los primeros alimentos, es una hazaña hacer que los sabores salados le gusten, pues la leche materna es dulce. Es divertido verlo cuando hace diferentes gestos al paladear diversos sabores. Es recomendable que los padres tengan mucha paciencia en esta etapa.

Séptimo mes: El bebé ya se mantiene sentado sin apoyo, gracias al desarrollo de su musculatura. Utiliza las manos con mucha más libertad y toca y manipula todos los objetos que están a su alcance. Cuando está acostado boca abajo, consigue levantar el tronco y apoyar un brazo, y desde esa posición busca y coge los objetos que le interesan. Prosigue los juegos con pies y manos y comienza a emitir no solo consonantes sueltas, sino también sílabas. Aunque sus palabras carezcan de significado, entiende cada vez mejor lo que le decimos y quiere escucharnos, así que debemos responderle cuando nos habla con tono normal y sin alterar las palabras. Es una de las etapas en las que los padres observan los aprendizajes más rápidos.

Octavo mes: El bebé tiene miedo a los desconocidos. Se muestra temeroso, incluso es normal que llore. Sin embargo, el temor disminuye si el desconocido se acerca despacio y le habla con dulzura, y una vez superado el primer impacto, juega con él. Una buena forma de romper el hielo es dándole un juguete. Cuando está tumbado en el suelo, es capaz de darse la vuelta en ambos sentidos y le encanta jugar en superficies planas. Empieza a manifestar claramente sus sentimientos

Noveno mes: El bebé empieza a gatear. Es capaz de pasarse un juguete de una mano a otra, chupa los objetos y le encanta tirarlos al suelo para buscarlos después. Puede estar sentado sin sujeción durante unos quince minutos. Algunos niños se sostienen de pie si se apoyan en un mueble o alguien los toma de un brazo. La mayoría hacen sus primeras gracias y comienzan a gatear (algunos no gatean nunca). Ya mastica bastante bien. Si aún no se ha decidido a gatear, se puede favorecer el aprendizaje, colocándolo sobre una manta y dejando a cierta distancia un objeto que le llame la atención, como su peluche favorito, para que se anime a acercarse hasta él.

Décimo mes: Si se sostiene de algún apoyo, el bebé se pone de pie solo. Dice las primeras bisílabas: ‹ma-ma›, ‹pa-pa› y ‹te-te›. Sabe saludar con la manita, imitando a quienes lo hacen. Le encanta escuchar los sonidos que realiza cuando aporrea objetos, rasga revistas... Es vital la tolerancia y dejarlo hacer ruido, también le fascinan los objetos musicales como los tambores y las sonajas. Es muy importante para su aprendizaje la información que obtiene de sus propias experiencias.

Onceavo mes: El bebé comienza a caminar solo cuando un adulto lo toma de las manos o cuando se apoya en los muebles. No hay que impacientarse si no aprende todavía a caminar, ya lo hará. No es recomendable insistir si no lo desea. Su lenguaje corporal ya es muy significativo y es más fácil comprenderlo. Empieza a emitir sus primeras palabras cortas y a conocer el significado de otras como ‹dame›, ‹toma esto› y ‹no›. Cuando escucha esta última expresión con firmeza se queda parado a la expectativa.

Con base en esta guía rápida de referencia, los padres podremos decidir si lo que le sucede al bebé es berrinche o necesidad, que es la clave para desarrollar la tolerancia. A partir de los **seis meses** los berrinches comienzan a aparecer y pueden hacerse más frecuentes si no se forma la tolerancia. Para lograrlo, es necesario poner límites como: «es la última vez que recojo la pelota» y «ya es hora de dormir».

Reflexión del primer año:

En un diario escribe tus reflexiones sobre cómo fue para ti este primer año con tu bebé:

1. ¿Cómo fue llegar a casa con tu bebé?
2. ¿Qué tan cansada te sentías? ¿Descansabas? ¿Atendías a las visitas? ¿Querías hacer las labores del hogar en lugar de «darte chance»?
3. ¿Cómo fue cada mes? Al menos anota una reflexión sobre la **tolerancia** en cada etapa. Ejemplo: Lo pasamos a su cuarto a

los tres meses y…; sus hermanos lo recibieron…, descansaba, pero me daba culpa…

La **aceptación** + la **tolerancia** son los valores que sostienen la siguiente etapa de vida. Todos los valores de este método son embonables, es decir, uno no puede existir sin el otro. Así que la aceptación y la tolerancia serán necesarias para cuando aparezca la motricidad gruesa, la autoconciencia que reafirma la ley de causa y efecto, pues el niño debe saber que todo acto, toda acción y todo momento tiene una consecuencia, es un efecto instintivo fundamental. ¡Ah! Y por favor, elabora un álbum de fotos impresas para tu bebé, así, cuando crezca, sabrá cómo fue su desarrollo y le encantará saberlo. La frase que te ayudará a reafirmar esta etapa es:

«La tolerancia es amor, por ello cubro mis necesidades para estar con la mejor actitud para mi bebé; de esta manera al resolver lo mío puedo atender a mi bebé con amor e irnos adaptando juntos poco a poco».

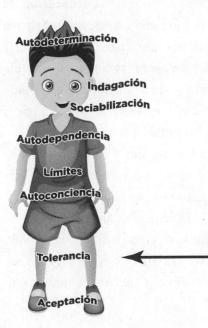

Autodeterminación

Indagación

Sociabilización

Autodependencia

Límites

Autoconciencia

Tolerancia

Aceptación

¡Escanéame!

La tolerancia está representada en las rodillas, puesto que la flexibilidad ante la vida y sus situaciones se ve reflejada en esta parte del cuerpo, ya que nos permite levantarnos ante las caídas e inclinarnos en señal de humildad.

Valor 3. Autoconciencia

Fase 1: 1 a 2 años, autoconciencia

La formación del bebé y su transición a ser niño es lo que aparece en esta fase.

Como mamá/papá, se requiere tener paciencia, dejar que experimenten sus primeras formas autónomas.

El valor de la **autoconciencia** conlleva el valor de la **aceptación** de que el bebé está dejando de serlo y la **tolerancia** de experimentar sus propios pasos. Es imprescindible dejarlos caminar, gatear y tomar objetos, por lo que sugiero quitar de su alcance las cosas que se rompan, ya que esta huella de exploración le dará la evidencia para toda la vida de que hay una causa y un efecto, y necesita descubrirlo por sí mismo. El diálogo y el exhorto son para otras edades, no para esta.

A partir de que los niños cumplen un año y hasta los dos, se dedican a descubrir la vida. Van a comenzar a comprender los primeros vocablos y conceptos como: Gracias, por favor y hola.

En estos dos años comienza la independencia de los padres. ¿Cómo?, si es un bebé.Pues claro que lo es y no podrá quedarse solo a su suerte, sin embargo, ya se ha dado cuenta que es un ser diferenciado de su madre, pues al principio tiene la ilusión de que es uno con ella.

En esta edad, los bebés comienzan a hacer sus «gracias» y son divertidísimos, pero esta etapa para los padres es súper cansada.

De acuerdo a Piaget, esta etapa compone el **estadio de desarrollo sensorio-motriz,** es decir, necesita tocar, sentir y moverse para aprender. Lo más característico es que hay respuestas automáticas ante estímulos externos, que se conocen como reflejos. Estos reflejos vienen adquiridos desde el nacimiento y son importantes para que puedan vivir, como respirar o tragar. Gran parte de los reflejos con que nace el bebé desaparecen a las pocas semanas de vida, pero hay pequeños que continúan con ellos hasta los cuatro u ocho meses. Es importante señalar que hay algunos reflejos que lo acompañarán durante toda su vida, como es el caso de toser.

En los niños de estas edades encontramos tres tipos de reacciones circulares:

1. Reacción primaria, está relacionada sobre su propio cuerpo, como la succión.
2. Reacción secundaria, se relaciona con los objetos. El niño hace cosas con base en lo que encuentra en el ambiente externo, como coger con la manita objetos y moverlos. Ya observa los resultados de sus acciones.
3. Reacción terciaria, se relaciona con la repetición. Por ejemplo, el niño descubre que si llora, será atendido, ya sea por hambre, incomodidad, etc. Presenta un egocentrismo inconsciente, todo lo que percibe se remite a su propia actividad y a sus necesidades, no es consciente de lo demás.

Durante este estadio y al cumplir el primer año, sale a descubrir el mundo. Si no ha gateado, es posible que empiece a dar los primeros pasos. Generalmente, si gatea, comenzará a caminar más tarde, ya que su necesidad de explorar el mundo estará cubierta. Ya es capaz de levantarse, agarrándose de algún mueble y dar algún paso, pero cuando se cansa, se deja caer. Cada vez le gusta más tirar cosas al suelo, ya sabe beber solo y puede usar el pulgar y el índice como pinza para tomar objetos pequeños. Intenta tomar todo lo que encuentra en su camino. Por lo tanto, hay que dejar fuera de su alcance los objetos cortantes y los pequeños, pues se los puede tragar.

Comienza a ser muy sensible ante las muestras de afecto y a responder con muestras de cariño, ya que empieza a darse cuenta de que es un ser independiente. Por ello, para nutrir su seguridad, hay que dejarlo explorar y descubrir el mundo por sí mismo.

Los sentidos se van haciendo más agudos (la vista, el oído y el tacto) por lo que los ruidos que él emite lo hacen divertirse. Es complicado comprenderlo, pues quiere algo y luego no, y puede hacer lo contrario a lo que le pedimos, pero en esta etapa este comportamiento no se considera mala educación o desafío, es parte de la edad.

Si el niño tiene un juguete idéntico al del otro niño, se enoja y piensa que es suyo, pues en esta etapa no se ha desarrollado la empatía ni la opción mental de que pueden haber varias cosas iguales. Tampoco comprende los castigos, por lo que decir, «no podrás comer dulces» le es indiferente y las consecuencias tampoco las entiende, a menos que sean inmediatas.

El lenguaje es limitado en esta edad, por ende, solo responde preguntas concretas: Sí, no, me gusta. Su palabra favorita es «¿qué?». La única opción es llamar su atención antes de preguntarle algo y, al hacerlo, hay que hablarle despacio.

Jugar con la comida es común en esta etapa, ya que está tanteando a los padres viendo dónde está el límite, es una especie de juego. Es su manera de sentirse reforzado y valorado, por lo que es necesario llamarle la atención cuando lo haga. También tiende a pedir algo insistentemente y cuando se le da, lo rechaza o lo tira. Este comportamiento solo es una forma de intentar llamar la atención. Lo que en realidad busca es que los padres estén pendientes de él, no hace falta darle lo que pide.

Le gusta hacer las mismas cosas, ver la misma escena de la misma película una y otra vez, esa actitud es normal. Simplemente, la película cubre sus necesidades y eso lo hace sentir bien. Una vez que casi se la sepa de memoria, pasará a otra. Así es la etapa.

Por todo lo anterior, tu paciencia necesita ser recargada constantemente. Te recomiendo un «spa» en pareja, no tienes que gastar una fortuna, puedes comprar una botella de aceite para masaje, velas aromáticas y sales de baño. Ambos padres deben turnarse para hacerse un masaje de la cabeza a los pies y solo relájense. De ser posible manden a sus hijos a dormir con sus abuelos. En esas horas especiales, no hablen de ellos, pues están programando a su mente para descansar. La etapa siguiente va a ser muy pesada y necesitan recordar que son personas.

Así como tu bebé comienza a ser independiente, tú también debes hacerlo. La pareja y el matrimonio son ingredientes imprescindibles para una familia sana, así que unirse es parte de lo que nutrirá la seguridad de tus hijos para llevarlos a buen fin. Un hijo es más feliz con unos padres que se aman, se entienden y se complementan, aunque lo dejen un día o dos con los abuelos, que al estar siempre con sus padres y que la falta de espacios propios de pareja, los vaya separando poco a poco.

Reflexión de la etapa de 1 a 2 años:

Anota en tu diario las siguientes reflexiones del segundo año de tu hijo:

1. ¿Dejaste que fuera autónomo? ¿Dejaste que gateara? ¿Dejaste que caminara, aunque tropezara?
2. ¿Estás dejando que se exprese con base en su temperamento (Capítulo 2)?
3. ¿Has analizado cómo impacta en su personalidad la huella de nacimiento?
4. ¿Lo proteges o sobreproteges?

El valor más importante en esta etapa es la conciencia del «yo soy». Es tan importante la frase que es un palíndromo, es decir, se lee igual de atrás para adelante, que de adelante para atrás. El «yo soy» trae por sí misma la **autoconciencia,** que es tan necesaria para la vida. La frase que te ayudará a reafirmar esta etapa es:

«Acepto que mi hijo está creciendo y requiere descubrir el mundo por sí mismo, así que mantendré el equilibrio entre la exploración, su personalidad y el apego que requiere de mí para nutrir su seguridad y andar por el mundo descubriéndolo paso a paso.»

De igual manera, hay que tener clara la diferencia entre castigo y consecuencia, para que sepan hacer una asociación equilibrada de causa-efecto:

¡Escanéame!

La autoconciencia está representada en la pelvis, puesto que todo nuestro poder creativo y de autorregulación se encuentra en los genitales, mismos que nos dan el don de procrear; ser conscientes de nuestro propio poder es la base del autocontrol.

Valor 4. Límites

Fase 1: 2-4 años, los límites

Se llama la primera adolescencia porque el bebé deja de serlo y comienza la infancia, por ello los límites son imprescindibles.

Como mamá/papá se requiere poner reglas, ser firmes, y NUNCA CEDER A LOS BERRINCHES.

Los **límites** son amor. Si quieres tener un hijo bien encausado, debes ponerle *límites.*

Lo que te estoy diciendo es opuesto a lo que se dice actualmente sobre la crianza moderna, que sugiere el diálogo y el exhorto para todo: Razonar con el niño sobre si comerá brócoli o no, si irá a la escuela o no, a qué escuela irá… Sin embargo, los neurólogos (y yo con ellos lo comparto) nos oponemos a esta forma de crianza condescendiente, ultra consentidora y excesivamente empática que deja a los niños sin límites, decidiendo por sí solos lo que deberán hacer o no.

Los límites se establecen de los dos a los cuatro años, mediante el condicionamiento de la conducta. Es decir, si quieren algo, deben presentar actitudes correctas. Por ejemplo:

- Solo si te terminas la sopa, hay postre.
- Recoge tus juguetes para que puedas ver el programa que te gusta.

- Ofrece una a disculpa... o no vamos.
- Vete a tu cuarto hasta que te calmes.

La etapa de los dos a los cuatro años es el despertar del conocimiento... es cuando los padres comienzan a gozar todas esas «gracias», ya que son un verdadero motivo de gratitud verlos crecer. El niño ya camina y corre perfecto; empieza a hilar oraciones; a cantar y a bailar; se le ocurren cosas sorprendentes diariamente; tiene sus primeros amigos; si tiene una mascota, ya le da su amor y además la cuida; deja el pañal. En fin... una cantidad de cambios maravillosos cada día. En esta etapa se da el paso de bebé a la primera infancia.

Piaget denomina a estos años como **estadio preconceptual,** o sea estadio de pensamiento simbólico. Desde los últimos estadios del periodo sensomotor, hacia un año y medio o dos, aparece una función fundamental para la conducta que consiste en poder representar algo por medio de un significante, como el lenguaje, imágenes mentales, gestos, etc. Y comienzan a imitar en presencia del modelo, por ejemplo: un movimiento de mano. De esta imitación se pasa al juego simbólico, se inventa su propio juego, fingiendo dormir, hacer gestos, etc. En ese proceso utilizan al máximo su imaginación, creando representaciones mentales que serán de gran ayuda para resolver situaciones futuras en su vida, por ejemplo: imitar situaciones reales como jugar al papá y a la mamá, al pediatra, a preparar la comida, al mecánico...

El lenguaje acompaña el juego, ya que mientras interpretan están hablando y compartiendo sus fantasías con otros niños, y además fomentan sus primeras relaciones interpersonales. Por ello es importante que asistan a preescolar para que convivan con otros niños que se encuentran en su misma etapa, incluso hay quien dice que es más importante un buen preescolar que una buena universidad. El dibujo también aparece y es un intermediario entre el juego y su imagen mental. La evolución verbal se nota cuando un niño dice «miau» sin ver un gato, pues aparece una representación verbal, además de la imitación.

También aparece el **artificialismo y animismo infantil**, que son descripciones para darle vida e incluso cualidades humanas a los objetos del mundo material con objetos que representan figuras vivas, como animales o juguetes. Como ya existe un pensamiento más reflexivo, comienzan a buscar el porqué de las cosas, por ejemplo: ya saben que si el cielo se pone gris es porque va a llover, ya distinguen el día y la noche, etc.

Sin embargo, esta etapa es el reto de la relación de por vida con los padres, pues también es cuando aparece la oposición, ya que el niño por primera vez se da cuenta de que está separado de mamá y puede hacer «lo que quiera», y lo quiere aplicar cuanto antes. Por ello, la firmeza sin violencia: los límites, las normas claras, el autocontrol y la obediencia son fundamentales para su buen desarrollo de la etapa y la relación de por vida con los padres. Si en esta etapa el niño sabe que puede manipularlos, esta será probablemente una impronta en su cerebro, un recuerdo tan vívido que condicionará su conducta.

Los límites son amor, son una muestra de que pueden controlarse, lo cual los hace sentirse orgullosos. Cuando puedes hacer algo, te sientes bien contigo y ese bienestar se convierte en amor.

Los niños que saben que todo lo consiguen gritando, no aprenden a controlarse, a obedecer, a aceptar los límites y a respetar a sus padres. Todo ello les quita habilidades en la vida que después les cobra un precio muy caro al no adaptarse a las normas. Si no quieres que sufran después, haz de esta etapa una maravillosa guía con firmeza, reglas y amor. Digamos que es el tabique o piedra angular del resto de la vida de tu hijo.

A los dos años los niños empiezan a ser tímidos, sensación que antes no habían experimentado. Es cuando les da pena saludar y se esconden en las faldas de mamá para no hacerlo. Para evitar que tu hijo se sienta incómodo ante una persona que no conoce, debes de respetarlo y no forzarlo. Es posible que en unos minutos se le pase.

Una personalidad sana se desarrolla cuando los padres ejercen límites claros y cuando respetan las decisiones de sus hijos, a través de una actitud equilibrada. En esta etapa el niño muestra una serie de patrones, sentimientos, pensamientos y comportamientos permanentes que lo hacen único. Aquí influye tanto el ambiente como el temperamento, que son los rasgos heredados con los que nace una persona y que no se modifican, lo que se entrena y forma es el carácter, mas no el temperamento, que es la huella de nacimiento.

Los primeros rasgos de la personalidad en un niño que se notan son:

1. Reservado o abierto
2. Sentimental o inexpresivo
3. Calmado o explosivo
4. Sumiso o dominante
5. Serio o entusiasta
6. Despreocupado o consciente
7. Cohibido o emprendedor
8. Duro o sensible
9. Seguro o dudoso
10. Sereno o aprehensivo
11. Extrovertido o introvertido
12. Poco integrado o integrado
13. Relajado o tenso.

Hay que tener presente que durante el proceso de construcción de la personalidad, es necesario que el niño pueda desarrollarla siendo parte de ese descubrimiento y sin que los padres se sientan asustados, ya que se puede acrecentar esa edificación con la presencia de límites claros, apropiados, con amor y respeto. Para lograrlo, es necesario que los padres tengan actitudes y emociones equilibradas, además de que conozcan las características de esta etapa, para evitar frustraciones innecesarias. También es importante que sepan que la principal característica de esta edad es que muchas veces los niños desobedecen y pueden parecer necios, la explicación es porque están probando hasta dónde pueden estirar la liga, pues ya se dieron cuenta al 100 por ciento que son personas diferentes e independientes de mamá.

Es importante que los padres pongan límites y dejen claras las consecuencias en caso de que desobedezcan, pues en esta etapa ya el niño comprende que si no come sopa, no verá su programa favorito. Es muy importante condicionar la conducta, mas no el amor. Cuando un padre dice: «Si no haces esto, ya no te voy a querer», se lastima para siempre el vínculo, pues el amor de los padres debe ser incondicional.

Por ello, cuando la familia es autoritaria y rígida, los niños tienden a cambiar de ánimo constantemente.

Los padres arbitrarios que amenazan a sus hijos suelen desarrollar personalidades agresivas y socialmente poco asertivas en ellos.

Las familias sobreprotectoras dejan al niño desamparado ante la hostilidad ambiental, lo que da lugar a personalidades sin capacidad para desenvolverse en la vida.

En las familias de padres separados, los hijos pueden ser inseguros, inestables afectiva y socialmente, por lo que es necesario reafirmarles el cariño de ambos para darles seguridad y estabilidad emocional para el resto de la vida.

Reflexión de la etapa de 2 a 4 años:

Anota en tu diario las siguientes reflexiones sobre tu hijo:

1. ¿Cómo lidias con los berrinches? ¿Pierdes la paciencia con facilidad? ¿Comprendes y le perdonas todo?
2. ¿Amenazas y no cumples tus promesas?
3. ¿Pones límites y reglas claras de comportamiento (levantar los juguetes, quédate en la mesa hasta que termines de comer)?
4. ¿Llevas un control de horarios en casa?
5. ¿Usas los golpes para educar? ¿Por qué? ¿Cómo podrías hacer una mejor crianza con paciencia?

6. Enumera los rasgos de personalidad de tu hijo con base en la lista proporcionada en la página 146.

El valor más importante de esta etapa son **los límites** y se construyen con base en la **aceptación, tolerancia y autoconciencia**. La frase que te ayudará a reafirmar esta etapa es:

«Acepto que mi hijo está en una etapa de afirmación y necesita límites; tolero su descontrol, pues son normales los berrinches porque está estableciendo hasta dónde puede llegar; lo hago consciente de sus actos y tengo consecuencias claras establecidas para la mala conducta».

Comprender que es una etapa que conlleva dolores de crecimiento la hará más sencilla… ¡y lo mejor del caso es que se pasa rápido! ¡Ya verás!

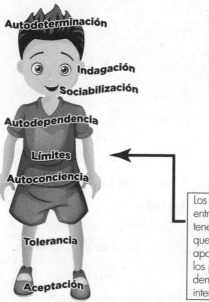

¡Escanéame!

Los límites están representados en las entrañas, en la parte abdominal donde tenemos la fuerza de la voluntad, el ombligo que es el centro de nuestro equilibrio y el aparato digestivo que nos ayuda a digerir los procesos de la vida. Poner límites a los demás y a nosotros mismos es la fuerza interior necesaria para bienvivir.

Valor 5. Autodependencia

Fase 1: 4-7 años, la autodependencia

Las primeras habilidades y autosuficiencia forjan la autoestima y la autodeterminación.

Como mamá/papá se requiere dejarlos HACER las cosas por si mismos.

La autodependencia es la cualidad que se refiere al acto mediante el cual una persona, una comunidad y una sociedad puede abastecerse por sí misma para satisfacer sus necesidades básicas más importantes. Es prioritario que un individuo sea autosuficiente para que tenga una buena autoestima que alimente su seguridad personal.

La segunda infancia es entre los cuatro y siete años. Es la edad en la que el niño ya comienza a buscar su independencia, a hacer todo «yo solito», «yo puedo». Es cuando aprenden a abrocharse las agujetas, a vestirse, a comer y a peinarse.

Piaget denomina a estos años como **estadio intuitivo,** es cuando el niño comienza a formar conceptos y puede hacer algunas comparaciones de tipo práctico. Su pensamiento varía dependiendo de la percepción de sus sentidos y en parte de los esquemas de aprendizaje previos, pero debido a que sus esquemas mentales no están del todo establecidos, no logra relacionar varias cosas al mismo tiempo, cambia de opinión rápidamente según la situación en la que se encuentre, por eso se basa en instintos de lo que le late en ese momento.

Para Piaget el pensamiento intuitivo representa la transición entre el pensamiento preoperatorio y la etapa de las operaciones concretas. Al compartir experiencias, juegos y actividades y al utilizar el lenguaje, el niño entiende su relación con los otros como más interactiva, ya que ambos participan en ella.

Este es el momento cuando el niño puede interiorizar los conocimientos y movimientos como una imagen o experiencia mental. Lo demuestra al hablar, dibujar o al imaginar un cuento que se le narra. Ya tiene la capacidad de saber la secuencia de números u objetos, puede armar rompecabezas sencillos, construir torres con legos, reconocer figuras, nombrar cosas y clasificarlas.

En el periodo intuitivo el niño piensa que el tiempo se incorpora a los hechos y cada hecho tiene su propio tiempo. Por ejemplo, ya sabe lo que se hace antes de comer, como lavarse las manos, o que por la mañana va a la escuela y tiene que ponerse el uniforme. Ya habla correctamente y tiene la capacidad de poder reproducir conductas, pues asimila que la acción se realiza por un pensamiento que se efectúa por imágenes que aparecen antes de las acciones.

Por supuesto que, con esta paulatina independencia del niño, se intensifican las relaciones sociales, lo cual le permite, junto con la capacidad de lenguaje, tener el impulso del pensamiento para separar las realidades físicas de las mentales. También aprende a establecer diferencias, aunque de manera limitada, pues ya puede entender que existen otros puntos de vista.

Asimismo comienza la lectoescritura, se perfecciona el habla y se amplía el vocabulario, razón por la cual los padres no deben decir **groserías** frente a sus hijos (en ninguna etapa, pero en especial en esta), pues aunque se usen entre adultos, es parte del respeto a la infancia y niñez, además de que las groserías tienen una carga de energía negativa, como se descubrió en los estudios que efectuó el doctor japonés Masaru Emoto[30], en su libro *«Los mensajes del agua»*,

---

30. Autor japonés conocido por sus afirmaciones de que las palabras, oraciones, sonidos y pensamientos influyen en la formación de los cristales en el agua. (1943-2014).

en el que se ponen bajo microscopio dos vasos con agua que fueron expuestos a palabras positivas y negativas. El agua que recibió las positivas generó cristales bellos y figuras amorosas. El agua que recibió las negativas generó formas grotescas. Nuestra alma se condiciona de la misma manera ante los mensajes positivos y negativos y esta es la última etapa de 'la esponja' para poder configurar la mente y la autoestima de nuestros hijos con dichos mensajes.

Al cumplir el niño siete años se completa el **primer ciclo de vida,** ya que deja atrás la infancia y comienza la niñez, en la que se inicia el ciclo de sociabilización. Todas las células del niño cambian al 100 por ciento y se renuevan cada siete años, como los ciclos de vida.

Es como si se tratara del primer nivel del videojuego. En esta fase de cero a siete años el niño adquiere las habilidades para comunicarse y sobrevivir en el mundo, pues paulatinamente va aprendiendo a leer, escribir, tomar un vaso con agua, dar opiniones, prender un aparato eléctrico, entre otras cosas. De ser un indefenso bebé al que se debía alimentar y proveer de todo, ahora se convierte en un niño capaz de darse a entender y sobrevivir en las funciones básicas.

Es muy importante para el buen y apropiado desarrollo de la siguiente etapa que el niño tenga independencia suficiente para que pueda integrarse de forma armoniosa a la siguiente. Las habilidades requeridas son:

- Caminar sin tropezarse.
- Utilizar los cubiertos adecuadamente, servirse comida en el plato y comer solo.
- Expresarse y darse a entender hilando oraciones.
- Partir su carne con cuchillo y tenedor.
- Sentarse a la mesa hasta terminar de comer.
- Decir «por favor», «con permiso» y «gracias».
- Ir solo al baño.
- Saber el número de teléfono de su casa.
- Conocer su domicilio.
- Leer en voz alta y voz baja.

- Lavarse los dientes.
- Vestirse.
- Peinarse.
- Bañarse y realizar su higiene personal.
- Poner la mesa.
- Hacer su cama.
- Doblar la ropa.
- Marcar un teléfono.
- Leer un texto adecuado a su edad y comprenderlo.
- Seguir instrucciones auditivas y visuales.
- Tomar decisiones sobre qué ropa usar o qué uniforme le toca.
- Hacer solo la tarea.
- Escribir.
- Enfocar su atención por treinta minutos.
- Amarrar las agujetas de sus zapatos.
- Dormir solo.

Cuando estas habilidades no están completas, la etapa de los siete a los catorce años, que es la niñez, puede resultar compleja, pues la sociabilización cobra especial relevancia y los niños comienzan a hacer sus propios amigos y a cultivar su personalidad apoyados en las bases de la infancia.

Y esa etapa se forma con la **autodependencia,** que es un valor fundamental.

Reflexión de la etapa de 4 a 7 años:

Anota en tu diario las siguientes reflexiones de los cuatro a siete años de tu hijo, llegando a la etapa de niño:

1. ¿Del listado anterior qué habilidades tiene tu hijo?
2. ¿Qué habilidades es necesario reforzar en tu hijo? ¿Cuál es tu plan para reforzarlas?
3. ¿Estás dejándolo crecer o quieres que siga siendo pequeño?
4. ¿Le permites hacer las cosas solo?

5. ¿Tienes miedo de que ya no te necesite?

6. ¿Cómo podrías manejar tus miedos para darle autonomía?

Como ya vimos, el valor más importante de esta etapa es la **autodependencia,** que se refuerza con los límites y se construye con base en la **aceptación,** en la **tolerancia** ante sus errores y en la **autoconciencia** para formarse en la responsabilidad. La frase que puede reafirmar esta etapa es:

«Acepto que mi hijo está en una etapa de querer hacer las cosas solo y se lo permito; pongo límites claros ante los riesgos y las conductas negativas; lo dejo que sea consciente de sus actos, nos basamos en el diálogo y lo exhorto a probarse; tolero sus errores, pues es una etapa normal de aprendizaje y autoconocimiento».

Comprender que es una etapa donde es necesario dejarlo experimentar y volar poco a poco por sí solo para entrar a la educación primaria con bases firmes, hará más fácil su vida social... ¡Suéltalo! ¡Ya verás de lo que es capaz!

La autodependencia está representada en el torso, donde se encuentra el corazón, los pulmones y brazos, es la parte que nos mantiene con vida y que nos permite abrazar, amar y amarnos. Llega un momento en la vida en la que debemos hacernos cargo de nosotros mismos y darnos incluso el amor que nos haya faltado.

Autodeterminación

Indagación

Sociabilización

Autodependencia

Límites

Autoconciencia

Tolerancia

Aceptación

¡Escanéame!

Valor 6. Sociabilización

Fase 2: 7 a 10 años, sociabilización

Las primeras habilidades y autosuficiencia forjan la autoestima y la autodeterminación.

Como mamá/papá se requiere dejarlos HACER las cosas por sí mismos.

La sociabilización es indispensable para que un individuo conviva en sociedad de manera armónica. Las primeras formas sociales como saludar y decir «por favor» y «gracias», surgen en la niñez al poner reglas claras en los juegos de mesa con sus pares, arreglar sus problemas, hacer su tarea, hacerse responsable de sus útiles y resolver sus problemas escolares.

Como experta en *bullying* sé lo complicado que es el acoso escolar y lo necesaria que es la intervención oportuna de los adultos, aun así, las herramientas de aprendizaje en esta etapa son fundamentales para forjar la autoestima; del niño y que tenga las capacidades adecuadas para que trabaje en equipo y tenga un buen trato social.

Esta etapa engloba el final de la infancia y el inicio de la niñez previa a la adolescencia. En ella son muy importantes los amigos y la escuela. Los padres y la vida en familia que fueron antes lo más importante para la vida del niño, pasan a un segundo plano, pues el eje central de la preadolescencia es la consolidación de los vínculos sociales.

Si los amigos aceptan al niño y lo quieren, su formación será positiva, pero, si por el contrario, vive el rechazo y el desamor, su amor por la vida y por sí mismo tenderán a ir hacia abajo. Por más que tú le digas que es valioso, si el medio (sus pares) le demuestra que no lo es, su propia vivencia será más fuerte que las palabras de la mamá o el papá. En la etapa anterior lo que tú decías era la vida entera para él, pero ahora necesita verlo con sus propios ojos.

De acuerdo con los estadios de la conciencia de Piaget, esta etapa es el **estadio operacional concreto**, en el que el niño es capaz de mostrar el pensamiento lógico ante los objetos físicos, también de retener mentalmente dos o más variables cuando estudia los objetos. Comienza a hacerse preguntas como ¿para qué sirve?, ¿qué es?, y saca sus propias conclusiones. La capacidad mental se demuestra con un rápido incremento en su habilidad para conservar ciertas propiedades de los objetos (números y cantidad) y para clasificarlos y ordenarlos. Asimismo, empiezan a surgir las operaciones matemáticas.

Las propiedades lógicas que encontramos en el agrupamiento concreto son:

- **Transitividad**: Agrupar en conjuntos y hacer la conclusión de qué tipos son comunes entre sí.
- **Reversibilidad**: Concebir simultáneamente dos relaciones inversas, mayor que los siguientes y menor que los anteriores y así ir clasificando.
- **Asociatividad**: La comprensión de que las operaciones pueden alcanzar una meta de varias maneras.
- **Identidad y negación**: La comprensión de que una operación que se combina con su opuesto se anula, y no cambia; como por ejemplo que dar tres y quitar tres resulta en cero.

Asimismo, existe la pérdida del equilibrio entre asimilación y acomodación, pues el paso de la intuición a la lógica no es de golpe.

A partir de los siete años el niño va incorporando a sus juegos reglas cada vez más complejas que determinan el sentido del entretenimiento. Este tipo de diversión es necesariamente social, ya que se realiza en grupo, y requiere el desarrollo de distintas habilidades sociales para poder llevarlas a cabo. A diferencia del juego simbólico, pues en ellos siempre hay alguien que gana y alguien que pierde, todos los jugadores vigilan el adecuado cumplimiento de las normas.

De esta manera el niño comienza a tomar su lugar en el grupo, es entonces que empieza a cumplir con las reglas y a esperar su turno. En cuanto a la noción del tiempo, lo comprenden con base en tres operaciones:

1. Series de acontecimientos o rutinas. Ejemplo: Después de ir al baño me lavo las manos.
2. Sabe que hay intervalos entre los acontecimientos y puede medir el tiempo. Ejemplo: ¿Qué hora es?, ¿cuánto falta? Ya calcula el tiempo mentalmente.
3. Relaciona los días de la semana y los meses del año.

Es importante validar los sentimientos del niño y enfrentar lo que sucede. Para confrontarlo es necesario que los padres sean como un *coach* del fútbol americano, es decir, apoyarlo desde la barrera, nunca en medio de la cancha. ¿Qué quiere decir esto? Que tú no eres quien debe pelear sus batallas, él mismo debe encararse con la vida para crecer. Cuesta trabajo, sí, ¿hay que hacerlo? ¡También! Es importante que crezca con independencia emocional que, por supuesto, es poco a poco y para eso están los padres, para ayudarlo cuando algo vaya mal, pero al final es él quien debe enfrentar las consecuencias de sus actos como por ejemplo, haber sido grosero con algún amigo o no haber hecho la tarea.

Ya pasó el tiempo de que los padres sean su mundo, ahora le toca a él comenzar a experimentar por sí mismo. Por ende, no compres sus problemas, ni les hagas la tarea, tampoco llores ni digas cosas como: «Estamos en exámenes». Deja que ahora él sea el protagonista de su vida y cuida el darle el mensaje correcto sobre su autonomía para que también pueda reconocer su esfuerzo y que tú seas solo un *coach*, no el jugador. Comprende que necesita este espacio.

El principal valor de esta etapa es la **sociabilización** por sí mismo. Es muy importante conocer a fondo el tema de *bullying*, ya que es a esta edad cuando comienza a aparecer. Te recomiendo leer mis libros «*Sufro bullyng*», «*Déjame en paz*» y «*Ya no quiero ir a la escuela*», pero aquí te doy algunos tips importantes:

- *Bullying* es una palabra que significa acoso escolar. En México el 65 por ciento de los niños ha declarado haberlo sufrido en algún grado, de acuerdo al estudio entregado al Secretario General de la Organización de las Naciones Unidas (ONU).
- *Bullying* es cuando el acoso se da en forma constante, contra alguien y con intención, y tiene como objetivo desacreditar a un ser humano a través de diversas formas de maltrato, que puede ser verbal, físico, psicológico, de exclusión, sexual o cibernético y genera **vergüenza.**
- El *bullying* o acoso escolar se refiere a todas las formas de actitudes **agresivas, intencionadas y repetidas**, que ocurren con razón o sin ella, y de muchos contra uno, o de uno a otro.
- Entre más acosan a alguien, más duele y más daño le hace en su interior.
- Este fenómeno no distingue raza, religión, posición social, estructura física, ni edad. Este problema ataca cada vez a más temprana edad y ningún sector de la sociedad está libre de él.
- El *bullying* enferma las emociones, puesto que al sentir vergüenza no se dice lo que pasa y así se da el maltrato.
- La exclusión es la primera manifestación de *bullying* (acoso escolar). Rechazar, hacer gestos, no hablar, manifestar desagrado con actitudes es exclusión. Al manifestar mi rechazo con actitudes, el siguiente paso es hacerlo con palabras, chismes o golpes.
- Cuando hay *bullying* el contrato social de niños y jóvenes genera la cultura de la impunidad; de la prepotencia y la de no denunciar.
- El *bullying* ha aumentado por la estimulación de los medios para aceptar la violencia y las burlas como parte de nuestra cultura.

- ¿Cómo detectar un caso de *bullying*?
  - Cambia su humor.
  - Hay violencia contra otros niños.
  - Sufre de terrores nocturnos.
  - Anda cabizbajo y sin contacto visual.
  - Está desmotivado al ir a la escuela.
  - Reporta una vez por semana dolor de cabeza, espalda, mareos, dolor de estómago o sudor excesivo de manos (somatiza).
- ¿Cómo denunciar un caso de *bullying*?
  - Tomarlo con calma.
  - Hacer una cita formal con la escuela y pedir que se levante un acta de hechos (narración por escrito y firmada por las partes).
  - Exigir una fecha de seguimiento y solución.
  - Nunca enfrentar a los padres del agresor.
  - No comentar en el chat de las mamás o bullychat.
- ¿Cómo sanar un corazón roto por el *bullying*?
  - Con amor y autoconocimiento.

Este método lo he aplicado con varios niños y jóvenes dañados por el acoso para recuperar su autoconcepto y autoestima con mucho éxito.

Hoy en día también es común que en esta etapa el niño quiera tener un celular. En un mundo moderno y globalizado puede parecer imprescindible dárselo, además de la necesidad de estar comunicados con nosotros y a salvo de cualquier peligro, sin embargo, en mi experiencia de años en el tema de *bullying* y *ciberbullying* he visto crecer con rapidez los casos de acoso en primaria y muchos de los problemas inician en los grupos de *WhatsApp* con los compañeros del salón. Por lo anterior, si quieres regalarle un celular a tu hijo de 7 a 10 años, asegúrate que sea **sin datos y no inteligente**. Los Smart Phones (Iphone, Android, etc.) conllevan el riesgo de las redes sociales y los grupos de *chat*, por lo que, debido a la madurez del estadio de conciencia de la etapa, no es recomendable dar esta herramienta, pues en muchos casos se traducen en problemas sociales y visualización de contenido no adecuado, como sexo y pornografía.

Anexo a continuación algunos tips y una tabla para dar tecnología por edades que te puede servir:

¡Quiero un celular!

- Que no sea inteligente, es decir, SMARTPHONE
- Es la etapa de mayor curiosidad por lo que la pornografía al tenerla a un clic de distancia puede filtrarse en su vida
- El manejo de redes sociales y la asertividad para manejarlas no está lista
- Aparece el ciberbullying en WhatsApp
- Por favor ¡compra un OXXOCELULAR!

Reflexión de la etapa de 7 a 10 años:

Anota en tu diario las siguientes reflexiones de los 7 a 10 años de tu hijo:

1. ¿Hablas con franqueza con tu hijo? ¿Ocultas información importante?
2. ¿Confías en tu hijo? ¿Él confía en ti?
3. ¿Reaccionas como el adulto a cargo o te haces víctima de sus problemas?
4. ¿Dejas claro que eres amigable, mas no su amigo?
5. ¿Mantienen una relación de respeto?
6. ¿Tienen rutinas saludables con horarios establecidos?

El valor más importante de esta etapa es la **sociabilización,** ya que es indispensable para poder negociar y lidiar con sus pares, también con el entorno mediante la **autodependencia,** que se refuerza con los **límites** y se construye con base en la **aceptación,** la **tolerancia** ante sus errores y en la **autoconciencia** para formarse en la responsabilidad. Debes aceptar que tu hijo está en una etapa en la que quiere descubrir el mundo por sí mismo y hacer amigos; que ahora puede realizar actividades solo y le permitas hacerlo. Es indispensable que pongas límites claros ante los riesgos y las conductas negativas; asimismo, que sea consciente de sus actos basados en el diálogo y que lo exhortes a probarse. Es importante que toleres sus errores, pues es una etapa normal de discusiones, ya que está en busca de su propia autonomía. La frase que puede reafirmar esta etapa es:

«Comprendo que mi hijo está pasando a ser niño, ha dejado la infancia donde mamá y papá eran su mundo, pues ahora los amigos, sus pares cobran vital importancia en su formación para ir creando su propia personalidad y autonomía, por lo que mi labor es ayudarlo a hacerse fuerte y luchar sus propias batallas por sí mismo».

Es necesario comprender que es una etapa en la que hay que dejarlos sociabilizar y hacer amigos, pero también perder amigos. Negociar las reglas de un tablero de Turista o Monopoly, nos hace darnos cuenta que ahora somos *coach* de vida, ya no jugamos un juego **con** ellos, sino **junto** a ellos… ¡confía! ¡Tus bases lo han hecho un niño de bien!

La sociabilización está representada en la boca, es la capacidad de ser asertivos y empáticos con los demás para convivir armónicamente en la sociedad y resolver pacíficamente los conflictos que vayan surgiendo.

¡Escanéame!

Valor 7. Indagación

Fase 2: 10-13 años, indagación

La lógica y pensar por sí mismos es vital para tener un criterio propio y no ceder a la presión social.

Como mamá/papá se requiere dejar que busquen sus propias respuestas, que investiguen, que hagan su tarea/trabajos solos.

La **indagación** significa buscar respuestas por uno mismo y es lo que se hace en esta edad en donde el niño ya tiene autoconciencia: «sé que existo», sociabilización: «sé que me muevo en una sociedad» y autosuficiencia: «me puedo preparar un cereal, hablar, caminar, leer, aprender y solucionar ciertos problemas».

Por ello, es importante dejarlo investigar y cuidar mucho su sexualidad. No permitirle ver pornografía y, aunque suene drástico, evitar o pensarlo muy bien antes de permitirle dormir en casa de amigos, ya que pueden aparecer encuentros sexuales que marquen para siempre el rumbo de sus vidas.

Esta es la edad del cambio, de la revolución de las hormonas, de los cambios de carácter. Es la era **choco-late**, porque todo les choca y nada les late. Es cuando ya no quieren usar ropa de niño, pero no les queda aún la de adolescente. En este proceso de descubrimiento, es común que se enojen y no quieran escuchar las sugerencias de sus padres, por ende, se pelean contra las ideas establecidas y tienden a discutir mucho porque tienen sus propias creencias. Ya no quieren que los «manden», quieren ser ellos mismos.

De acuerdo con Piaget, los niños a partir de los doce años se encuentran en el **estadio operacional abstracto,** o sea, estadio de las operaciones formales. Es cuando aparece la lógica, pues empiezan a utilizar la palabra como forma de pensamiento y logran obtener sus propios razonamientos sobre conceptos e ideas. Reflexionan a partir de premisas y ya no necesitan de la presencia de los objetos.

A partir de este momento el niño se va a volver mucho más analítico, más crítico y aparece por primera vez un cierto sentimiento de imposibilidad o de contradicción.

Hay una clara diferencia entre el mundo simbólico, imaginario, fantástico, y el mundo de la realidad. A partir de ahora su pensamiento se va a parecer cada vez más al de un adulto. Quiere razonar tanto que deja a un lado la intuición innata. En esta etapa es muy importante lo que saben y lo que piensan. **No escuchan.**

El niño entiende de golpe que las otras personas pueden tener puntos de vista, intereses o necesidades distintas a la suya y se va a producir una diversidad de pensamientos donde aparece la empatía, pero no aparece de golpe, poco a poco va perdiendo el egocentrismo. También aparece la capacidad y gusto de colaborar en su casa y, con sus cosas, se convierte en un ser más autónomo, incluso dentro del grupo.

El egocentrismo toma un carácter especial, pues cree que el pensamiento lógico es omnipotente, de tal modo que el mundo debe someterse a los esquemas de la lógica y no a la estructura de la realidad, por ello lo que más les interesa es entender las cosas, el porqué de cada una de ellas.

Durante estos años es común que cambie de amistades al ir descubriendo qué le gusta y quiénes son los otros. Las diferencias resaltan, por ello, el afán de identificarse como personas autónomas. Desafortunadamente pueden surgir las burlas al desacreditar a los demás. Los grados de quinto y sexto de primaria y primero de secundaria son años complicados, pregúntale a cualquier maestro. Son años donde el *bu-llying* se agudiza al existir crítica y rechazo, por lo que algunos alum-nos tienen que defenderse constantemente de las agresiones de sus compañeros, hecho que también contamina el ambiente.

En esta etapa se despierta la sexualidad y por ello el preadolescente comienza a descubrir su cuerpo, a verse, a tocarse, y es normal y natural. Solo hay que cuidar que no se convierta en un mal hábito. Es importan-te darles intimidad y evitar que duerman en el mismo cuarto hermanos de diferente sexo. Cada uno requiere tener su espacio e intimidad.

Es importante dejar que los preadolescentes se expresen, que ma-nifiesten sus gustos y opiniones. Los sometidos, a los que no se les permite rebelarse, tienden a ser adultos reprimidos o que toleran que la pareja los maltrate. La palabra rebeldía viene del latín «*rebellāre*», mis-mo origen de la palabra revelar («*revelāre*»), que significa «descubrir o manifestar lo ignorado o lo secreto». Cuando un preadolescente se re-bela, se está mostrando, manifestando, descubriendo, conociendo, pre-sentando y declarando como un ser único, autónomo e independiente de sus padres. Hay que respetarlos, dejarlos descubrirse, por supuesto con sus límites y sin que se dañen de por vida por una mala decisión. No es lo mismo pintarse el pelo de color verde que probar drogas.

Esta es la etapa final de la infancia que tiene una transición por la preadolescencia, para comenzar la juventud; ya tienen las habili-dades requeridas para poder pasar a la siguiente etapa con un buen desarrollo personal que es:

- Conocer los límites de cada conducta, hora de llegada, no consumir alcohol ni drogas.
- Controlar su temperamento e impulsos.
- Decidir lo que le gusta o no.
- Conocer sus aficiones.
- Sociabilizar por sí mismo.
- Escoger a las personas afines a él.
- Compartir.

- Ser empáticos.
- Defender sus conceptos y cosas.
- Respetar horarios y reglas.
- Hacer su tarea sin necesidad de estarles recordando.
- Enfrentar las consecuencias de sus actos.
- Identificar sus sentimientos.
- Expresar sus emociones asertivamente.
- Saber disculparse.
- Resarcir el daño hecho, hacerse responsable creativamente generando soluciones.
- Decir no a la presión social, tener sus propios criterios.
- Bañarse por gusto y cuenta propia.
- Resolver problemas como no hacer la tarea y negociar con el profesor.
- Trabajar en equipo.
- Ayudar en los quehaceres de la casa.
- Ser responsable de una mascota, su cuarto, útiles, etc.
- Ayudar en el negocio familiar, hacer pequeños trabajos.
- Diferenciar entre lo que es peligroso y no.
- Tener metas a largo y corto plazo.

El principal valor de esta etapa es la **indagación** por cuenta propia, ya que es el fin de la niñez y el comienzo de la adolescencia. Es el estado transitorio entre ser niño y ser mayor. Algunos expertos le llaman preadolescencia y vaya que su comportamiento es complicado porque no caben en las modas infantiles ni tampoco en las de adolescentes. En mi opinión esta etapa es la más difícil, incluso más que la misma adolescencia.

Reflexión de 10 a 13 años:

Anota en tu diario las siguientes reflexiones de los 10 a 13 años de tu preadolescente:

1. ¿Existe represión, apoyo o rechazo en tu relación con tu hijo?
2. ¿Estás dejando que tu hijo viva sus cambios sin tomártelo de manera personal?
3. ¿Estás adelantándole la adolescencia al no saber cómo reaccionar?
4. ¿Encuentras formas de convivencia con tu hijo para establecer el diálogo como ir al cine y comentar después la película?
5. ¿Del listado anterior, cuántas habilidades tiene tu hijo? ¿Estás haciendo algo para reforzar las que le faltan?
6. ¿Estás formándole a tu hijo la conciencia antecedente, la que precede al hecho y que los lleva a la reflexión antes de meterse en problemas?

Como ya dijimos, el valor más importante de esta etapa es la **indagación,** descubrir sus propias respuestas. Por ello es vital que el preadolescente tenga fuentes fidedignas de información para que no lo puedan manipular. Es importante que tenga sus propias ideas. La **sociabilización** que se ha forjado es muy necesaria para establecer, junto con sus pares, el descubrimiento de la vida y mediante la **autodependencia** lo puede lograr. Todo se refuerza con los **límites** propios y los que ponen a los demás en pro de su autorrespeto y se construye con base en la **aceptación** de sí mismo; la **tolerancia** ante sus propios errores, evitando así culpas innecesarias y con la **autoconciencia,** para que pueda ser responsable de su vida. La frase que puede reafirmar esta etapa es:

«Acepto que mi hijo está en la etapa de convertirse en el piloto de su vida, por ello le permito que descubra el mundo por sí mismo, sin dejar de acompañarlo y guiarlo como es mi obligación. Aunque puede hacer amigos, lo orientaré sobre las diversas situaciones que se le puedan presentar. Sé que ahora puede hacer las cosas por sí mismo, mas elijo poner límites claros ante los riesgos y las conductas negativas. Dejo que sea autoconsciente de sus actos, se base en el diálogo y tolero sus

exabruptos, pues reconozco que es una etapa de transición y de identidad muy fuerte, ya que está en busca de su propia autonomía».

Esto es, debes aceptar que tu hijo está en la etapa de convertirse en el piloto de su vida, por ello permite que descubra el mundo por sí mismo, sin dejar de acompañarlo y guiarlo como es tu obligación. Deberás orientarlo sobre las diversas situaciones que se le puedan presentar. Ya sabes que ahora puede hacer las cosas por sí mismo, sin embargo, debes continuar poniendo límites claros ante los riesgos y las conductas negativas. Asimismo, dejar que sea autoconsciente de sus actos con base en el diálogo y tolerar sus exabruptos, pues reconoces que es una etapa de transición y de identidad muy fuerte, ya que está en busca de su propia autonomía.

Es necesario comprender que es una etapa en la que hay que dejarlos indagar, sociabilizar y hacer amigos, arreglar sus problemas y forjar sus creencias, esto último puede atemorizar pues ahora piensa por sí mismo… ¡Guíalo sin pleito! ¡Tus consejos amables y cariñosos serán siempre fuente para que regresen a ti toda la vida a confiarte sus problemas!

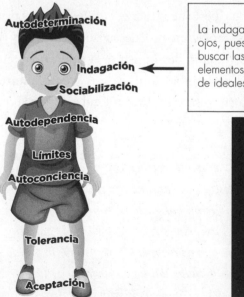

La indagación está representada en los ojos, puesto que la observación y buscar las propias respuestas, son los elementos fundamentales de la creación de ideales personales.

¡Escanéame!

Valor 8. Autodeterminación

Fase 2: 13-18 años, autodeterminación

Tener una consciencia antecedente bien formada es la mejor brújula para vivir la vida.

Como mamá/papá se requiere dejar que peleen sus batallas, dejar que ganen algunas y DEJAR que PIERDAN otras, es el justo medio de tolerancia a la frustración y satisfacción al conseguir sus metas - MEDIDA DE VIDA.

La **autodeterminación** es la capacidad de tomar nuestras propias decisiones con buena autoestima, pensando en el cuidado de nuestra dignidad humana y sin tomar riesgos innecesarios. Para tener autodeterminación es indispensable haber desarrollado al 100 por ciento la conciencia antecedente, que es el pensamiento crítico ante las decisiones diarias de la vida.

De acuerdo a Piaget, el juicio crítico solo puede aparecer a partir de los trece años, que es cuando las terminales neuronales han madurado lo suficiente como para poder hacer relaciones de respuestas ante los dilemas sencillos o complejos de la vida.

Es la etapa de la plena adolescencia a la que la mayoría de los padres le tienen «terror», incluso hay quien le llama *aborrecencia*… Sin embargo, cada etapa tiene sus retos y lo importante es el sentido y los pensamientos que le dedicas a cada una. Así como en la adolescencia aparece la rebeldía, las anteriores también tienen sus defectos:

no dormir, cambiar pañales cada media hora, lidiar con berrinches, llevarlo a todos lados, darle de comer en la boca… cada día y cada edad tiene su complejidad.

Cuarta etapa del desarrollo

- **La adolescencia es la cuarta etapa del desarrollo humano.**

  - Bebé
  - Primera infancia
  - Niñez
  - Adolescencia para pasar a ser un adulto joven
    - El término de esta etapa es muy variable, se debe procurar que sea máximo a los 20 años.
    - Existe actualmente una adolescencia tardía donde los padres siguen resolviendo la vida de sus hijos-derivado del estilo de crianza sobre protector donde el ser humano pocas veces se topa con sus propias consecuencias.-

La adolescencia es la cuarta etapa del desarrollo del ser humano que se divide en primera infancia, segunda infancia, niñez y adolescencia, para pasar a ser un adulto joven. El término de esta etapa es muy variable y resulta difícil precisar con exactitud cuándo termina, ya que depende de factores sociales, económicos y culturales. Normalmente en sociedades más primitivas dura mucho menos que en sociedades más civilizadas, pues en la actualidad existe una adolescencia tardía en la cual los padres no dejan que los hijos vuelen con sus propias alas y les siguen resolviendo la vida hasta los treinta años o más. En este estilo de crianza sobreprotectora el individuo pocas veces es responsable, por ende, no sufre las consecuencias de sus actos.

Las características de esta etapa son:

- Todavía no se ha alcanzado la madurez y el equilibrio propio del individuo en la etapa de juventud o adultez.
- Se registra un evidente y acelerado crecimiento en talla y peso.

- La voz del niño varón se vuelve más madura.
- Las glándulas sexuales inician su periodo de madurez, aparecen los caracteres secundarios de los sexos y se registra una pronunciada diferenciación en las formas corporales del hombre y la mujer.
- La fantasía de las etapas anteriores se transforma en fantasía hacia el propio mundo interior.
- La vida sentimental se convierte en una muy intensa y variable.
- Hay necesidad de realizar actividades solo, por ejemplo, ir al cine.
- Comienza a apreciar los valores o ideales y empieza a tener los suyos propios.
- Le dan ganas de hacer cosas por sí mismo, como aprender a cocinar o escoger secundaria.
- Descubrimiento de sí mismo y el mundo del Yo, por ejemplo, le encanta hacer «tests» de personalidad pues está descubriendo quién es.

Es recomendable disfrutar esta etapa del hijo, no suponer; dejar que cada día llegue y no engancharse cuando la hormona lo haga gritar, llorar o ser grosero. No hay que hacerle tanto caso, en media hora se le pasará y posteriormente pedirá perdón. La adolescencia es la graduación del autocontrol personal de los padres. En el caso de que se enganchen, les griten o les peguen deterioran de por vida su relación con su adolescente, lo que puede crear un ambiente violento para su familia. Los gritos, las groserías, las humillaciones y los golpes se quedan para siempre. Imagina que por falta de control en estos breves años pierdas la magia con tus hijos de por vida. No vale la pena. No lo sufras.

Disfruta, mira sus cambios, cuéntale de los tuyos cuando tenías su edad, sé un poco su cómplice y un poco su guía, no dejes de abrazarlo mucho. Este cambio duele y al irlo descubriendo, por supuesto que se va a equivocar en algo, no sería humano si no lo hiciera. Es mejor buscar estar cerca para ayudarles a sobar los golpes y curar las heridas. Y por favor: ¡No los juzgues! Si lo haces, ya no querrán estar cerca de ti y no podrás guiarlos más.

Cuando esta etapa termina tu hijo ya es un adulto. Sacará su credencial del Instituto Nacional Electoral (INE) o el equivalente en su país que denote su mayoría de edad y podrá votar y, por supuesto, podrá tomar sus propias decisiones.

Esta es la última etapa en la cual los padres son legalmente sus tutores, por lo que te propongo que la aproveches al máximo. Algunas de las habilidades que deberá haber desarrollado para que tu misión se haya completado, aproximadamente entre los 18 y 21 años son:

- Formar su propio criterio.
- Tomar sus propias decisiones.
- Expresar correcta y asertivamente sus ideas.
- Descubrir el mundo y sus habilidades por sí mismo.
- Definir su identidad en todos los aspectos.
- Conocer su interior, sus pensamientos, sentimientos y emociones.
- Ser mentor o guía o sentir compasión y deseos de ayudar a los niños más pequeños.
- Relacionarse con las personas afectivamente, distinguiendo amistad y amor, para tener relaciones responsables donde se evite la promiscuidad.
- Viajar y comprar sus cosas solo.
- Saber qué hacer si se enferma.
- Conocer quiénes son sus gobernantes.
- Escribir un ensayo en el que plasme sus ideas.
- Conocer los riesgos de la sexualidad.
- Saber qué es la delincuencia.
- Ser solidario.

- Organizarse por sí mismo.
- Hablar en público, quizá no profesionalmente, pero sí pueden hablar en un grupo y dar su opinión.
- Saber comportarse en redes sociales.
- Hacer tareas en casa sin que se les pida.
- Saber vestirse apropiadamente para las distintas ocasiones.
- Conocer sus emociones y hablar de ellas empáticamente, sin lastimar a otros.
- Trabajar.
- Ahorrar.
- Manejar un auto.
- Tener deseo de superación.
- Compartir sus intereses con entusiasmo.

El valor principal de esta etapa es la **autodeterminación** y es importante que las raíces, que son los principios y valores hasta esta edad, sean ahora sus propias alas.

Reflexión de 13 a 18 años:

Anota en tu diario las siguientes reflexiones de los 13 a 18 años de tu adolescente:

1. ¿Confías en tu hijo?
2. ¿Lo reprendes por su personalidad? ¿Lo aceptas realmente como es?
3. ¿Escuchas sus argumentos con atención?
4. ¿Encuentras formas de convivencia para establecer el diálogo como ir al cine y comentar después la película?
5. ¿Del listado anterior, cuántas habilidades tiene tu hijo? ¿Estás haciendo algo para reforzar las habilidades que le faltan?
6. ¿Estás formando una persona responsable en vías de ser adulto?
7. ¿Platicas con él?

El valor más importante de esta etapa es la **autodeterminación,** es necesario dejar que la autonomía de los hijos florezca y aceptar que ciertas conductas y creencias serán distintas a las nuestras. Por ello la **aceptación,** que es el primer eslabón de la pirámide de **8 valores,** resulta indispensable para tener una buena relación con ellos. No obstante, ustedes siguen siendo sus padres y todo lo que esté fuera de los principios y valores universales, ustedes tienen la responsabilidad y la obligación de hacérselos ver. Aunque la **indagación** los ha llevado a descubrir sus propias respuestas, es importante analizarlas en conjunto para evitar situaciones que pongan en riesgo su vida, su salud y su integridad. La **sociabilización,** su propio ambiente de amistades, es parte de la individualidad. Sin embargo, los amigos o parejas tóxicas deben ser señalados por representar un riesgo para su salud mental. A pesar de su **autodependencia** las cuestiones sentimentales y emocionales requieren de acompañamiento. Todo esto se refuerza con los **límites** propios y los que ponen a los demás en pro de su autorrespeto y se construye con base en la **aceptación** de sí mismos, la **tolerancia** ante sus propios errores y la **autoconciencia** para que puedan ser responsables de su vida.

Los padres deben aceptar que los hijos poco a poco son dueños de su destino. Hay que dejarlos volar y señalarles lo que está bien o mal. Ese es el arte del bienvivir. La frase que puede reafirmar esta etapa es:

> *«Comprendo que es una etapa en la que requiero dejarlo crear su vida, sin dejar de lado los principios y valores, respetándonos mutuamente para ser digno de su confianza… ¡El ejemplo arrastra! Lo que diga será validado por lo que haga, así elijo ser su guía para el resto de su vida, ¡y haré todo por ser lo que predico!».*

Es necesario comprender que es una etapa en la que hay que dejarlos crear su vida, sin dejar de lado los principios y valores y respetarse mutuamente para ser dignos de su confianza... ¡El ejemplo arrastra! Lo que digas será invalidado por lo que haces, si quieres seguir siendo su guía para el resto de su vida, ¡sé lo que predicas!

La autodeterminación está representada en la cabeza, puesto que la mente es la fuente de las ideas, ideales e impulsos propios para generar el propósito de vida, de ahí parte todo para QUERER y ELEGIR hacer las cosas en la vida.

¡Escanéame!

Escanea este código QR para revisar más información del Método de 8 valores para la crianza efectiva.

Capítulo 9
Los ciclos de la vida

La muerte no llega más que una vez,
pero se hace sentir en todos los momentos de la vida.

Jean de La Bruyère[31]

Dividir la vida en ciclos nos ayuda a verla como si se tratara de un videojuego en el que vamos cambiando de etapa poco a poco. Es como si al pasar el tiempo, una capa se fuera desprendiendo de nuestro cuerpo para dar cabida a la que viene, como si quitáramos las capas de una cebolla para llegar a la esencia. Así veo yo la vida, una vez que encontramos esa misión o hemos alcanzado nuestro propósito, nuestro tiempo en la tierra se habrá cumplido y evolucionaremos a un nuevo nivel, al plano espiritual.

Sea como sea, no podría cerrar este libro, que es el trabajo de toda mi vida de investigación, teorías y mi propia vivencia, sin hablarte de algo que me ha servido muchísimo descubrir para vivir mejor mi propia vida:

¡La vida viene en bloques de siete años!

---

31. Filósofo, escritor y moralista francés (1645-1696).

Tomando como referencia que un ser humano puede vivir 84 años en promedio, serían doce etapas las que vamos a analizar en este capítulo con sus retos y sus aprendizajes.

Los hermanos Linn[32], en su libro «*Sanando las 8 etapas de la vida*», refieren momentos específicos en los que se pudo haber dañado algo de nuestra personalidad y yo aquí los resumiré:

1. **Infancia: confianza vs. desconfianza**
   a. Aprendemos de quienes nos cuidaron en el inicio de la vida si podemos confiar o no.
   b. Mientras más descuido hay, menos confianza; mientras más cuidado, más seguridad.
   c. El exceso de cuidado o sobreprotección también genera desconfianza.
   d. Para sanar es necesario confiar de nuevo. Las maneras de sanar son múltiples, pero es básico saber que hay una herida.

2. **Niñez: autonomía vs. vergüenza y duda**
   a. Cuando logramos ir haciendo las cosas por nosotros mismos, una dosis de autoestima aparece en nuestra vida.
   b. Cuando no sabemos lo básico de nuestras necesidades, el mundo nos da evidencia de que todo lo hacemos mal y nos llena de vergüenza y duda.
   c. La vergüenza y duda se traducen en baja autoestima.
   d. Para sanar es básico revisar qué funciones de autonomía no están todavía completadas para racionalmente ir llenando los huecos y comenzar a sanar.

---

32. Los hermanos Dennis y Matthew Linn, a los que luego se les sumó Sheila Fabricant Linn, esposa de Dennis, trabajan juntos como equipo integrando la salud física, emocional y espiritual.

3. **Edad del juego a partir de los cuatro años: iniciativa vs. culpa**

   a. Cuando tenemos mucha energía y los adultos juegan con nosotros, consideramos que tener energía es algo bueno.

   b. Cuando nos dicen «estate quieto, que lata das...», se traduce como si fueran una molestia nuestra energía y entusiasmo.

   c. Es importante saber cómo fue marcada nuestra iniciativa de hacer las cosas para sanar y aclarar mucho sobre nuestras actitudes.

4. **Edad escolar: industria vs. inferioridad**

   a. Es importante que se evite el *bullying*, pues el rechazo colectivo alberga un sentido de inferioridad de por vida.

   b. La razón de nuestra manera de ser productiva la da la integración al grupo y su aceptación.

   c. Al hacer consciente cómo fue esta situación en nuestra vida, podemos sanar mucho dentro de nosotros mismos.

5. **Adolescencia: identidad vs. confusión de conducta**

   a. Cuando nos identificamos con el grupo que elegimos mediante conductas sanas, el desarrollo sigue su curso correctamente.

   b. Cuando es mediante conductas negativas, nos identificamos mediante el mal para ser aceptados y se queda una huella que nos puede hacer tomar malas decisiones el resto de la vida.

   c. Para sanar es necesario comprender que solo el bien nos acerca a la felicidad.

6. **Principio de la edad adulta: intimidad vs. aislamiento**

   a. Cuando se puede tener una pareja con quien se comparta la vida correctamente, se soluciona la ecuación del acompañamiento y la intimidad.

b. Cuando las decepciones al abrir nuestro corazón son muchas, llegamos a aislarnos.

c. Para sanar es necesario elegir una persona de confianza, para poco a poco abrirnos.

7. **Edad adulta: generatividad vs. estancamiento**

a. Cuando podemos crear una familia, una empresa, un proyecto, algo nuestro, nos llenamos de gozo y bienestar.

b. Cuando no podemos expresarnos, pues todo lo que emprendemos fracasa, tendemos hacia el estancamiento en la vida.

c. Para sanar es necesario volver a confiar en que somos seres creativos y continuar haciendo cosas.

8. **Vejez: integridad vs. desesperación**

a. Cuando vemos el resultado de nuestra vida, solemos hacer un juicio que nos lleva hacia la integridad o a la desesperación.

b. Si lo que hemos creado es incompleto o nos da insatisfacción, la desesperación aparece.

c. Para sanar es fundamental poder perdonar nuestros errores y saber que el tiempo que quede, el que sea que quede, es suficiente para construir amor.

Este análisis de las etapas de la vida engloba en gran parte las principales heridas de crecimiento que albergamos en los momentos de nuestro desarrollo y además nos permite trabajar en los puntos específicos en que fueron dañadas.

De forma más específica y complementaria, está comprobado por varios científicos, entre ellos el biólogo molecular, Jonas Frisén[33], que la renovación de los tejidos corporales mueren y son reemplazadas en un lapso de siete a diez años. Con esta referencia

---

33. Biólogo sueco (1966-).

podemos pensar que la espiritualidad también es renovada en estos lapsos de tiempo.

Para fines de análisis yo agruparé las etapas en periodos de siete años para comprender mejor nuestro mapa de existencia.

Pero de acuerdo al maestro Adrián Alavés[34] se pueden englobar en dos grandes divisiones:

a. Etapa tangible o de crecimiento biológico, que va de los 0 a los 42 años. En ella se pueden identificar tres fases: **físicas, emocionales y mentales**, que sirven para darle sentido a la vida.

b. Etapa intangible o de crecimiento espiritual, que va de los 42 a los 84+ años. En ella se desarrolla idealmente la **intuición, la caridad y** la **sabiduría**, como un nuevo sentido de la vida.

¿Listos para el recorrido?

Primer ciclo: Infancia, de los cero a los siete años

Es el desarrollo de habilidades motrices y herramientas para conocer al mundo. Consiste en ser independiente y tener su propia interfase para explorar. Los objetivos principales son:

a. Moverse.
b. Expresarse.
c. Alimentarse.
d. Sobrevivir por sí mismo.

Es la etapa del desapego con la madre, de la independencia para concebir al mundo por sí mismo. La simbiosis con la madre dura

---

34. Conceptualizó y desarrolló el Programa y los Talleres de Neurotransformación.

aproximadamente dos años y por ello cobra vital importancia la cercanía y el amor que se dé en estos primeros años.

Una vez que el niño entra en los «terribles dos», como dicen los estadounidenses, estira la liga energética que lo unía a su mamá para romperla y darse cuenta de que no son la misma entidad, sino que él es un ser aparte y comienza la rebeldía. Esta es la razón por la que se alejan y prueban si su mamá viene unida a ellos o simplemente es otra persona. Cuando comprenden que son personas separadas, viene una rebeldía, por ello aparece la fase a la que yo llamo de «mamá tonta» en el que el niño trata de imponerse a su madre y es el momento crítico de la vida para dejar claro quién tiene la autoridad. Los padres, sobre todo la madre, deben no engancharse y ser muy firmes al decir qué no se va a permitir y evitar a como dé lugar el juego de los chantajes: «Ay, yo tanto que te quiero, ¿por qué dices eso a mamá?». ¡Nada de eso! Esta etapa no es personal y no es que el bebé de pronto deje de querer a la madre, es simplemente un desapego natural, es salir del cascarón para cortar el cordón umbilical energético.

Seguido del primer proceso de desapego, el ser humano en formación busca la conquista de su independencia a través del lenguaje. Por ello los niños son felices al decir «**no**». Es una manera de marcar sus límites que representan su primera autonomía e independencia. El lenguaje debe desarrollarse para conquistar la primera forma de marcar límites, que es por medio de la palabra. De aquí reside la importancia de exigir al niño que hable bien y que pronuncie las palabras correctamente.

A los siete años un niño ya debe hablar bien para poder seguir evolucionando en la siguiente etapa tangible del desarrollo que es la parte social. Si un niño no habla bien, no podrá sociabilizar adecuadamente.

Parte de la conquista de dicha independencia consiste en que coma, vaya al baño, se bañe y se vista solo y ya sepa leer y escribir. Es como si de pronto ya no necesitaran un intérprete para el mundo y lo pudieran conocer con su propio ser para hacerse una idea autónoma de las cosas.

La formación de la conciencia subsecuente aparece en esta etapa y consiste en indicar al niño las consecuencias de sus actos, por ejemplo, si jala el mantel, se cae el vaso; si grita, molesta; si come mucho, le va a doler el estómago… La conciencia subsecuente es la que le dice al niño una vez que hizo algo incorrecto, que estuvo mal haberlo hecho. En esta etapa sería imposible pedirle que tuviera una conciencia antecedente, la cual se anticipa al hecho. Por ejemplo, evito jalar el mantel para que no se caiga el vaso. Aquí es importante explicar que cada acción tiene una reacción. Es la plataforma para que el ser humano aprenda en la siguiente etapa a anticiparse a las cosas que hace.

Aspectos importantes en esta etapa: Es de vital importancia que los niños a los siete años hayan conquistado las habilidades anteriormente descritas para pasar a la siguiente etapa, ya que de lo contrario la estarían explorando con una discapacidad y les sería difícil sociabilizar. Notamos que hay padres a los que a veces les es más fácil hacer las cosas por ellos, que tenerles paciencia y dejar que las hagan solos. Sin embargo, para que exista un completo desarrollo, el niño debe ser independiente.

En el **Método de 8 valores**, en esta etapa es cuando se forman:

- La aceptación.
- La tolerancia.
- La autoconciencia.
- Los límites.
- La autodependencia.

Concepto de sí mismo: En esta etapa, la autoestima o amor por sí mismo va en relación directa al nivel de evolución física y desarrollo de habilidades. Entre más éxitos tenga el niño, más feliz se sentirá consigo mismo. Es necesario que los padres y maestros pongan especial atención en su avance, y entiendan que los fracasos son sencillamente simples pasos hacia el siguiente logro. Al enfocar la atención hacia su triunfo y minimizar los fracasos (tirar la leche, no poder amarrar sus agujetas, leer despacio y con errores, tropezarse…) la tendencia del niño será convertir los pequeños errores en triunfos a corto plazo. Si, por el contrario, el educador a cargo se enfoca en los fracasos y errores que se cometen en este proceso de aprendizaje, la tendencia del niño será repetir con mayor frecuencia los errores y no podrá dominar la actividad. Por ello, el estímulo verbal y el lenguaje corporal de la aceptación del niño son las herramientas de mayor valor para completar de la mejor manera el desarrollo de la primera etapa (cero a siete años).

Segundo ciclo: Niñez, de los siete a los catorce años

Surge el desarrollo de habilidades sociales y patrones de comportamiento que consiste en hacer amistades propias y tomar decisiones respecto a lo que les gusta o no. También son los primeros momentos donde se identifican los sentimientos. Los objetivos principales son:

a. Conocer sus propios gustos.
b. Sociabilizar (hacer amigos por sí mismo).
c. Defender sus conceptos y cosas.
d. Hacer amistades afines a su personalidad.
e. Controlar su temperamento e impulsos.
f. Resolver pequeños problemas como no haber hecho la tarea o enfrentar las consecuencias por sí mismo.

Es la etapa de la responsabilidad, de comprender la causa y efecto, ley de vida inalienable a todo ser humano, declarada «Tercera ley de Newton» o principio de acción y reacción:

«Con toda acción ocurre siempre una reacción igual y contraria: quiere decir que las acciones mutuas de dos cuerpos siempre son iguales y dirigidas en sentido opuesto.»

Newton expone que por cada fuerza que actúa sobre un cuerpo (empuje), este realiza una fuerza de igual intensidad, pero en sentido contrario sobre el cuerpo que la produjo. Dicho de otra forma, las fuerzas situadas sobre la misma recta, siempre se presentan en pares de igual magnitud y de dirección, pero en sentido opuesto.

Traducido a las relaciones humanas, esta ley se podría sintetizar en que, cuando tú haces algo a otro ser, existe una respuesta directamente proporcional a la fuerza utilizada, pero, en sentido opuesto. Por ejemplo: Si yo defiendo a mi muñeca agrediendo a la de la otra niña, ella la defenderá de la misma manera desacreditando a la mía. (Acción/ reacción). Para un niño en esta etapa es primordial comprender la causa que ocasionan sus acciones. Hacerlo responsable, debe ser una **prioridad** para padres y maestros. Uno de los daños más significativos a lo largo de la vida. que trae consecuencias graves en cada etapa posterior, es no ser responsable de los propios actos y así ir por la vida descargando la responsabilidad sobre los demás. Podríamos decir que el carácter formado es responsable y el carácter débil es irresponsable.

La sobreprotección de los padres causa un daño irreparable en esta etapa de formación y en algunos países como Estados Unidos, ya está clasificado como delito, debido al daño emocional que genera, aunado a las inmensas consecuencias sociales de crear seres que no sean responsables de lo que hacen. Por ello, a pesar del dolor que pueda causar a los progenitores ver a sus hijos pagar por las consecuencias de su proceder, se debe permitir este proceso como parte natural del aprendizaje. Por ejemplo, si el niño se roba un dulce en una tienda, los padres al darse cuenta, le deben exigir que vaya a la tienda, diga lo que hizo, pague el dulce y ofrezca disculpas. Este proceso le permitirá al niño reconocer sus errores y sentir, a la vez, la vergüenza que trae consigo robar. Pero, si se pasa por alto esta falta y solo se le castiga no dándole un juguete como consecuencia del robo, el niño no entenderá la gravedad de su acción y no aprenderá la lección.

Otro aspecto fundamental es la formación de la conciencia antecedente.

- La conciencia subsecuente es la que una vez realizado el acto, dicta el error cometido.
- La conciencia antecedente es la que se anticipa a la consecuencia por medio del razonamiento.

En esta etapa es importante que el ser humano, al llegar a los catorce sepa razonar y prevenga las consecuencias antes de realizar un acto. Es una forma de protección ante todos los peligros de la vida como son las adicciones, el sexo irresponsable, la delincuencia y el *bullying*.

Seguido de la responsabilidad y la formación de la conciencia antecedente, es necesario que sean marcados los límites en cada conducta. En casa debe haber horarios, reglas claras y consecuencias conocidas, para evitar el desorden que origina pleitos y caos al no comprender cómo funcionan las cosas.

Aspectos importantes en esta etapa: Es de vital importancia que los niños a los catorce años ya tengan la conciencia antecedente, la que se anticipa a los hechos y los hace reflexionar antes de cometerlos, que sean responsables de sus actos y que sepan elegir a las personas afines y beneficiosas a ellos para convivir. Una persona carente de dichas habilidades correrá múltiples riesgos en la siguiente etapa, la de formación de creencias, que conlleva, como parte del proceso natural y propio del siguiente ciclo, presentar rebeldía contra las imposiciones, aprender a defender sus ideas y poner límites hacia su persona. Notamos que hay padres que van a las escuelas a defender a sus hijos por su falta de responsabilidad, para evitar que asuman las consecuencias de sus actos. Dicho estilo de crianza moderna, que vemos florecer y reproducirse con gran aceptación, causa estragos sociales, siendo el más evidente el *bullying,* mismo que hoy afecta a siete de cada diez niños en nuestro país. Detrás de cada agresor, hay una deficiencia en la formación de la conciencia antecedente y la capacidad para ser responsable de sus actos.

En el **Método de 8 valores**, en esta etapa es cuando se forman:

- La sociabilización.
- La indagación.

Concepto de sí mismo: La autoestima o amor por sí mismo va en relación directa a la aceptación de los pares. En esta etapa los padres y familiares mayores dejan de tener tanta importancia y hay mayor interés en los comentarios y opiniones de los niños de su edad. Entre más amigos e invitaciones tenga, más feliz se sentirá consigo mismo. Es necesario que los padres y maestros pongan especial atención en el entorno y elaboren campañas de prevención al *bullying*, asímismo deben fomentar la integración positiva de los grupos, pues todo lo que se forme en esta etapa como autoconcepto, regirá la vida del individuo por largos años y para cambiarlo será necesario un gran esfuerzo. Se requiere enfocar a los grupos de estudiantes en el respeto ante los errores de sus compañeros, a evitar la burla y la crítica destructiva, ya que la formación del autoconcepto, que dará o no una buena autoestima, está en juego en esta etapa.

Tercer ciclo: Adolescencia, de los catorce a los 21 años

Autoconcepto formado y elección de creencias personales. Consiste en rebelarse contra lo que le «han dicho» que es el mundo para comenzar a elegir sus propias creencias. Es una etapa natural de prueba y error hasta formar un criterio propio que, por supuesto, tendrá la influencia de los padres, pero también reflejará su propio sello. Es importante dejar al adolescente/joven expresarse y manifestarse; tomar en cuenta sus puntos de vista; escuchar sus propuestas y conciliar con base en ellas las decisiones y permisos. Los objetivos principales son:

a. Formar su criterio.
b. Expresar correctamente sus ideas.
c. Descubrir el mundo por sí mismo.
d. Definir su identidad.
e. Conocer su interior.
f. Ser valioso para los demás.

Es la etapa del desapego con los padres, de la independencia para concebir al mundo por sí mismo y descubrirlo en compañía de sus pares, los cuales se han elegido, en algunas ocasiones, en la etapa anterior. Los amigos cobran un rol fundamental y aparece el interés por el sexo opuesto y comienzan los primeros noviazgos. El adolescente vuelve a sentirse minusválido, en ocasiones cree que todo es su culpa y siente, como en los primeros siete años, que es el centro del universo y que todo es por ellos o en contra de ellos. Es vital para la buena y sana relación no engancharse y evitar a como dé lugar ponerse a su nivel. Cabe comprender que es una batalla por descubrir las verdades del mundo y de su interior y nada tiene que ver con lastimar a sus padres o maestros, para los educadores también es importante no engancharse. Se estira aún más la liga energética que unía al joven con sus padres y se refuerza que no son la misma entidad, que él es un ser aparte y que puede pensar por sí mismo, así empieza la rebeldía. Los padres, sobre todo la madre, no deben engancharse y deben ser muy firmes al decir qué no se va a permitir y evitar, a como dé lugar, el juego de los chantajes que lleva a los padres a no educar por evitar que el joven se enoje o llore. La firmeza es el éxito para dar estructura en este ciclo.

El ser humano en formación busca la conquista de sus ideas a través de la expresión y es por ello que estos jóvenes pasan largas horas hablando o chateando por teléfono y comunicando sus sentimientos y pensamientos. Con sus padres tienden a cerrar la comunicación por sentir que se les regaña constantemente y, por ende, dejan de compartir sus pensamientos. Es importante escucharlos sin juzgarlos y buscar espacios de convivencia en el que no se hable de temas álgidos y complicados, solo hay que compartir el espacio. Por ejemplo, a la hora de la comida no se deben discutir permisos o calificaciones, ya que esta situación puede derivar en discusiones o malestares que provoquen enojos, lo ideal es poner música agradable o hablar de una película o de un tema neutral, para que nadie se enganche.

Parte de la conquista de su independencia consiste en ir a lugares solos, manejar, hablar otro idioma, crear un perfil en redes sociales, abrirse al mundo, conocer gente de otros lugares, conocer y aceptar los cambios de su cuerpo, acostumbrarse a su nueva estatura y tono de voz. Es como si de pronto todo su cuerpo fuera otro y tuviera que adaptarse a él de nuevo.

La conciencia antecedente, la cual se anticipa al hecho, requiere estar formada por completo para evitar errores de juventud que puedan cobrar facturas caras como accidentes, embarazos no deseados y adicciones. Es importante demostrar con hechos reales, testimonios y casos, que cada acción tiene una reacción y cuáles son las consecuencias de dichas acciones.

Aspectos importantes en esta etapa: Es de vital importancia que los jóvenes al cumplir 21 años se conozcan y estén capacitados para decidir por ellos mismos, ya que de lo contrario estarían explorando la siguiente parte de la vida, la laboral, con una discapacidad para poner en práctica sus conocimientos y confiar en sus decisiones, lo cual es indispensable para que se desempeñen adecuadamente en un trabajo. El hecho de haber discutido con respeto sus creencias ante sus padres para obtener permisos y concesiones es vital para que se puedan expresar y defender ideas con conocimientos cuando pasen al proceso creativo de la vida, que es el trabajo y la universidad.

En el **Método de 8 valores**, en esta etapa es cuando se forma:

- La autodeterminación

Concepto de sí mismo: La autoestima o amor por sí mismo va en relación directa con su autoconocimiento. Entre más se conozca un joven en este ciclo, más se podrá valorar y aprender, para no repetir errores, lo cual lo hará sentirse orgulloso. Los logros personales como conseguir una beca, ahorrar dinero para un viaje, comprar sus cosas con dinero ganado por él mismo, reforzarán el sentimiento de valía y es importante incentivar este aspecto y evitar la tendencia de algunos padres de darles todo a sus hijos, lo que debilita la autoestima. Las relaciones son un gran estímulo para la formación del amor por sí mismo. Tener éxito y popularidad entre sus pares puede ayudar mucho en la formación de una personalidad segura y tener un concepto positivo de sí mismo.

Cuarto ciclo: Juventud, de los 21 a los 28 años

Realización personal a través de ser productivo mediante su propio esfuerzo laboral. Consiste en demostrarse a sí mismo que puede trabajar y generar ingresos por cuenta propia. También cobra vital importancia la pareja, empieza a buscar una relación estable, sobre todo al final de esta etapa. La aprobación de sí mismo reside en poder ganar dinero para poder conquistar la independencia y comenzar a vivir bajo sus propias reglas, quizá lejos de sus padres. Es natural dejar el nido y empezar a labrar el propio. Ya regula sus horarios, limpia y ordena su casa, escoge su alimentación, programa sus gastos… Los objetivos principales son:

a. Terminar una carrera universitaria.
b. Trabajar y ganar su propio dinero.
c. Vivir solo y hacer sus propias reglas en casa.
d. Crear sus hábitos de alimentación e higiene.

e. Probar las relaciones de pareja y el compromiso para quizá casarse o vivir juntos.

Es la etapa de la madurez personal para vivir bajo sus propias normas, es la de independencia total donde cada ser humano toma un rumbo propio. Sus ideas ya están creadas y sus ideales constituidos. El trabajo es la prioridad y se demuestra la responsabilidad adquirida, que irá dando frutos en ascensos y la obtención de mayores privilegios y responsabilidades. Los padres quedan como espectadores de la vida de sus hijos, quienes ahora instituirán su propio estilo de vida. A la familia solo le queda acompañar y respetar sus decisiones. El acompañamiento de una pareja solidaria y estable da aún mayor profundidad a esta etapa. El ejercicio de la libertad responsable es básico, puesto que las consecuencias al no actuar así, son cada vez más dramáticas, ya que la vida misma (comer, tener un techo, transportarse...) depende de dicha responsabilidad.

Es momento de demostrarse a sí mismo todo lo valioso que se puede ser y, los logros personales son lo más importante. Se pueden dejar de lado las actividades recreativas, pues el foco está puesto en salir adelante, progresar y demostrar a los demás que puede volar solo. Cuando existen problemas económicos o la carencia de empleo o despidos repetidos, puede surgir mucha frustración, ya que es el momento de crear abundancia, pues la calidad de vida está ligada a que se aprecie su talento en un trabajo y así generar una buena remuneración económica.

La conquista de su independencia busca una buena posición económica que le permita el desapego de su familia de origen, para así realizar una aventura propia, dejando a un lado la protección del nido. Hay personas que sienten mucha culpa al hacerlo, sin embargo, es parte del desarrollo y es necesario dar el paso. Si hay dudas o remordimiento, es pertinente trabajar en ello, ya que la siguiente etapa, el nido propio, requiere que esta libertad personal sea completa para poder crear su propia familia.

Aspectos importantes en esta etapa: Ser testigo de la trascendencia de sus acciones y ver resultados en promociones laborales; reconocimiento y confianza de los demás; generar una estabilidad de pareja; capacidad creciente para asumir responsabilidades; toma de decisiones que va íntimamente relacionada con el nivel de innovación y creatividad que la persona pueda mostrar a los demás. Por más talentos que existan, si tiene miedo a mostrarlos, el progreso en su labor será muy lento y con bajo reconocimiento. Mostrarse con seguridad y buena autoestima es importante para conseguir una de las siguientes metas que es reproducirse, parte esencial de las etapas de la vida en todo ser humano.

Concepto de sí mismo: La autoestima o amor por sí mismo va en relación directa con sus logros personales. Es el tiempo de construir, de concluir estudios, de completar la etapa formativa y de crecimiento, para abrirse al momento reproductivo de la vida donde no solo cuidará de sí mismo, sino que se hará cargo de otros seres humanos. Entre más se conozca una persona, mayores resultados podrá dar, ya que no tendrá miedo a la responsabilidad y sabrá que puede estar a la altura de cualquier reto que se le presente.

Quinto ciclo: Adulto joven, de los 28 a los 35 años

El nido y la pertenencia a través de un espacio personal. Consiste en dejar huella y crear. La tendencia es construir una pareja estable para recorrer el camino juntos. La que se elige, con la madurez propia de esta etapa, tiende a ser afín y duradera, dado que ahora ya sabe lo que quiere y lo que espera. Tener hijos, mascotas, propiedades, empresas o proyectos, cobra vital importancia, puesto que son testimonio del paso por la vida y una forma de expresar la creatividad. Los objetivos principales son:

a. Desarrollarse en pareja.

b. Tener bienes propios, etapa de éxitos personales.

c. Mostrar creatividad a través de proyectos innovadores.

d. Tener hijos o mascotas, ser responsables de alguien más que de sí mismo.

e. Tener mayor nivel de responsabilidad laboral, expandir horizontes.

f. Integrar el razonamiento con la cultura.

g. Consolidar el nido al tener un hijo, mascota, idea, creación y materializar las ideas.

Es la etapa del desarrollo personal y de la creatividad. Se ponen las bases de la forma de vida en pareja, mismas que serán la clave para la convivencia familiar, si es que se decide tener hijos. Se busca la expresión de proyectos y poner en marcha las ideas. Se trata de embonar en el entorno social e integrarse a la cultura a la que pertenece, la aprobación de los otros es muy importante y es complicado vivir bajo reglas que resulten controversiales para los demás.

El ser humano busca la afinidad con su familia de origen y será importante reencontrarse con su pasado para comprender mejor su historia. Poner en orden los eventos de su vida, comprender a sus padres y desenmarañar los misterios familiares, cobran importancia por primera vez; ya que todo desarrollo humano requiere estar situado en un sistema familiar que sea comprensible para sí mismo. La madurez le permite digerir su propia historia y cada vez será más importante la familia, muchos amigos tienden a pasar a un segundo plano.

Parte de la conquista de la independencia consiste en comprenderse y controlar sus emociones, moldeando su personalidad, sobre todo en la parte social. Esta habilidad le permitirá progresar en el mundo laboral y ocupar mejores puestos que se traduzcan en buenas condiciones de vida para él y su entorno. Al ir prosperando, se abrirán más posibilidades ante la idea de tener hijos, la cual es una responsabilidad que muchos añoran conquistar.

Aspectos importantes en esta etapa: Es esencial que las personas cuenten con independencia. Las relaciones de pareja codependientes complican el desarrollo personal y es una posible muestra de que una parte de la historia familiar de la persona no ha sido resuelta. Aclarar ambos temas es imprescindible para tener las herramientas necesarias en la siguiente etapa. El autocontrol es también un aspecto muy necesario, dado que el juicio personal se acrecienta y ya no se valen los berrinches de la niñez o de la juventud. El desarrollo en pareja o la elección de tener hijos marcan el nido, que es la misión fundamental de esta etapa donde la persona da más de sí de lo que pide para sí, es el primer paso para romper con el egoísmo nato.

Concepto de sí mismo: La autoestima o amor por sí mismo va en relación directa con sus primeros triunfos. Entre más éxitos tangibles existan, mejor se sentirá la persona. Un casamiento, graduación, llegada de un hijo, inauguración de una empresa, éxitos laborales, poner en marcha un sueño o hasta un buen coche son las cosas que se califican en el exterior como éxitos y que en esta etapa delimitan el amor propio o el reconocimiento personal basado en resultados. La búsqueda de su historia personal constituye un eslabón fundamental de crecimiento y complementa el concepto de sí mismo, es decir, en los primeros años el individuo busca un concepto personal, único e irrepetible de sí mismo, hasta darse cuenta de que para seguir conociéndose y creciendo, necesita conocer, conciliar y comprender su historia familiar.

Sexto ciclo: Adultez, de los 35 a los 42 años

Dejar atrás el «qué dirán», vivir y buscar su propia felicidad. Comenzar a vivir para sí mismo y para llevar a cabo sus ideales. Digamos que es la etapa del egoísmo, donde la persona se da cuenta que la existencia es corta y que debe estar contento con su vida más que quedar bien o agradar a los demás. En estos años se presenta el 80 por ciento de los divorcios. La edad promedio de hombres y mujeres para solicitar la separación en México es entre 35 y 36 años. Es aquí cuando la persona hace el primer recuento de resultados y si no es afín con sus ambiciones, tiende a poner acciones claras y concretas para volver al camino. Los objetivos principales son:

a. Descubrir si lo que ha elegido lo hace feliz.
b. Llevar a cabo sus propias ideas e ideales.
c. Dejar a un lado el «qué dirán».
d. Crear un criterio propio.
e. Acomodar la historia familiar en su propia vida y romper lazos.
f. Vivir por cuenta propia y hacer su propia manera del mundo.

Es la etapa del primer recuento de la vida. Se ponen las bases para los años que seguirán, mismos que serán la clave del crecimiento personal para ser un líder congruente para su familia. Ya no parece importante embonar en el entorno social y la persona tiende a cambiar sus reglas de vida; el estilo saludable es elegido en algunos casos y se rompen hábitos negativos como el tabaco o el alcohol. Las condiciones de vida en pareja son evaluadas y se hace una valoración de si dichas condiciones son el camino apropiado para el desarrollo personal y de la felicidad. En este tiempo se toman decisiones claves para el resto de la vida.

El ser humano busca la afinidad con todas las personas que le rodean y descubre sus más profundos ideales que le permiten seguir evolucionando y se prepara para la primera etapa intangible del desarrollo, que es cuando dar de sí es más importante que pensar en sí.

Cada etapa necesita ir resolviendo y creciendo en aspectos personales para llegar a la trascendencia, que culmina con la muerte del cuerpo para pasar a otro plano. Es como si los puntos se unieran sutilmente y ciertas misiones estuvieran completadas para continuar evolucionando. De ahí reside la importancia de que cada siete años tengan buenos resultados, ya que de lo contrario el rezago les impedirá avanzar como requiere, lo que disminuirá su felicidad.

Esta es la última etapa para conquistar la independencia y el autocontrol que permitan al individuo vivir la plena libertad responsable, donde cada una de las decisiones, que seguirán tejiendo su historia, estarán en plena conciencia y alineadas con sus propias necesidades y gustos. Es cuando la persona se da cuenta que solo puede hacer felices a otros siendo feliz ella y así decide conquistar la etapa tangible del desarrollo al ser feliz consigo mismo.

Aspectos importantes en esta etapa: Es esencial que las personas cuenten con autoconocimiento que les permita crear sus propios ideales y necesidades para seguir un patrón, donde ya lo que digan los demás pasa a un segundo plano. Se busca la congruencia como un ideal ya que, sin ella, no es posible conseguir la felicidad y la plenitud. Dicha congruencia tiene que ver mucho en cómo ve el desarrollo en pareja o familia que ha creado. Por ello, hay una gran tendencia a que busque a alguien más afín a sí mismo. También se solidifican las raíces de las relaciones de pareja que han seguido creciendo y evolucionando juntas, puesto que dicha realización cobrará especial importancia en estos años. Las amistades y la familia de origen serán únicamente satélites de la persona, serán importantes, pero no fuentes de felicidad o crecimiento personal.

Concepto de sí mismo: La autoestima o amor por sí mismo va en relación directa con el hecho de vivir bajo sus propias reglas, las cuales serán establecidas y replanteadas por la persona en los primeros años de esta etapa. Por ello el 80 por ciento de los divorcios se presenta entre los 35 y 36 años, pues es cuando la persona decide romper cadenas sociales y solo vivir en lo que lo haga crecer y evolucionar.

Es la primera etapa, desde el nacimiento, en que la persona vive por sí misma y ya no busca satisfacer a nadie más a su alrededor.

Dicho egoísmo es sano, puesto que es la máxima conquista de la independencia, es el momento en que se hace responsable de sí misma por completo y tiene una gran tendencia a dejar los sacrificios de lado.

Séptimo ciclo: Adulto maduro, de los 42 a los 49 años

Temporalidad de la vida y empoderar a otros. Consiste en empoderar a otros para que sigan su legado. La persona se da cuenta de lo corta que es la vida y así elige sucesores de su aprendizaje, que pueden ser sus hijos o bien, volverse mentor de otros. Hay una gran tendencia a dar clases y enseñar a otros para que sus ideas e ideales vivan ahora en los demás. Se hace conciencia de los malos hábitos y las repercusiones que tiene para la salud, por lo que muchos optan por un estilo de vida saludable, hacer ejercicio, alimentarse saludablemente y dormir lo suficiente. Los objetivos principales son:

a. Vivir saludablemente para prolongar su bienvivir muchos años.
b. Enseñar a otros para que sus ideas e ideales trasciendan.
c. Pasar tiempo con su familia y disfrutar sus resultados.
d. Cosechar los frutos de su esfuerzo de años.
e. Utilizar su creatividad, la cual llega en estos años a su mayor punto de crecimiento.
f. Etapa para aprender a conectarse consigo mismo, con la espiritualidad y desprenderse del cuerpo material.
g. Mayor profundidad espiritual y no tangible de las cosas.

Es la etapa de las obras maestras. La mayoría de los genios de la historia han elaborado sus máximas creaciones en estos años donde la madurez y la fortaleza se combinan para dar el mayor brillo a la persona. La pareja y los hijos tienen un papel fundamental en su vida en la que la persona busca disfrutar con los suyos y ver crecer a sus hijos, quienes serán su mayor legado a la humanidad. La productividad sigue en aumento y las recompensas del esfuerzo de años se dejarán ver al ser galardonado con posiciones importantes, reconocimientos, medallas y todo lo que da un sentimiento de valía personal.

El ser humano sigue buscando la trascendencia a través del bienvivir y buen hacer que le garantice muchos años más de vida en buenas condiciones. La parte espiritual es activada y quienes jamás mostraron interés por lo intangible comenzarán a acercarse a la búsqueda de las grandes verdades de la vida que los lleven a comprender la espiritualidad y la importancia del crecimiento del alma como forma única y permanente.

La independencia ha sido conquistada en su totalidad y ahora las reglas las hace la persona, puesto que ya no necesita la aprobación de los demás y se atreve a expresarse. El liderazgo que se basa en el dominio de sí mismo para poder guiar a otros y ser ejemplo y testimonio de lo que se profesa son las bases de esta etapa de evolución hacia lo intangible. Ya no se trata de mostrar los logros con base en los bienes materiales o personales, sino que la congruencia dará la pauta para ser imitado y ejemplificado como modelo a seguir.

Aspectos importantes en esta etapa: Es esencial que las personas cuenten con las tres primeras etapas del desarrollo completas en su totalidad y con todas las habilidades enumeradas, las cuales serán su fortaleza al descubrir la primera etapa intangible del desarrollo donde evalúan su desempeño y se dan cuenta de su propia mortalidad, lo que los hace vivir más responsablemente para procurarse unos buenos años venideros. Tienden a aprovechar esta etapa que es sumamente productiva para procurarse comodidades en los años de la bajada física de la vida e incursionan en la parte espiritual, que es lo que les procurará un bienvivir cuando la juventud se haya apagado.

Concepto de sí mismo: La autoestima o amor por sí mismo va en relación directa con el apego a sus ideales y poder vivir bajo sus propias reglas. El conocimiento adquirido por sí mismo en etapas pasadas, le servirá para construir su propia forma de vida, la cual estará libre de lo que digan los demás y así podrá llegar al siguiente paso en la evolución que consiste en la conquista de lo intangible. La belleza física, fuerza o firmeza del cuerpo debe pasar a un segundo plano de importancia, para evitar la frustración que produce medirse en algo que ya no es natural. El encanto que se conquista en esta etapa es la inspiración, la fortaleza de carácter, el control de emociones, el empoderamiento o consejos que se dan a los demás y el genuino interés en dejar huella por su paso por la vida siendo soporte para los que vienen.

Octavo ciclo: Madurez, de los 49 a los 56 años

Sucesor del patriarcado o matriarcado. Algunas personas comenzarán a enfrentar la muerte de la generación anterior. La familia queda a cargo de estos nuevos líderes, quienes se harán responsables del grupo familiar. La unión de la familia tiende a ser un objetivo importante en esta etapa, pues su desarrollo será sinónimo de felicidad. Los objetivos principales son:

a. Estar formados como líderes congruentes.

b. Tomar el liderazgo familiar.

c. Unir a la familia y vigilar el sano desarrollo de sus miembros.

d. Descubrir las grandes verdades y las leyes universales.

e. Evolucionar en el plano espiritual.

f. Aprender a conectarse consigo mismo, con la espiritualidad, y desprenderse del cuerpo material.

Es la segunda parte del descubrimiento de esta nueva etapa intangible de la vida, la del ser, el ser sin apegos que solo busca su trascendencia al ser ejemplo, dejar huella, ser testimonio y formar a otros en el buen camino son las únicas satisfacciones que el alma se llevará en su partida. Existe una gran tendencia a tomar el liderazgo de las familias, dado que sus padres se han debilitado o fallecido. Las decisiones del grupo son tomadas por el individuo, quien ahora cuida por los intereses de todos y no nada más los propios.

El ser humano trata de ser testimonio de vida para los otros en lugar de imponer sus ideas. Busca la afinidad más que el pleito y ve florecer a sus descendientes, quienes comienzan a encender su propia luz para crear su destino. La nobleza del corazón y la empatía son sus fortalezas. La sabiduría, el diálogo convincente, la comprensión de los demás para colocar sus ideas son la manera de relacionarse con la sociedad.

En esta etapa la lucha de los bienes materiales terminó. Ya no es importante seguir batallando y luchando para hacerse de un lugar en el mundo. Ahora el mundo le da su propio lugar. Los resultados de su vida son mostrados en cuanto a la buena o mala relación con sus hijos; la buena o mala recepción de sus ideas para conquistar la independencia; el autocontrol que permita a la persona vivir la plena libertad responsable y el reconocimiento de su trayectoria. Cada una de las decisiones, que seguirán tejiendo su historia, se toma en plena conciencia y están alineadas con sus propias necesidades y gustos, aunque la persona se da cuenta que solo puede hacer felices a otros siendo feliz ella, y así decidirá conquistar a los demás a través de su propia felicidad y procuración de momentos agradables con su entorno.

Aspectos importantes en esta etapa: Al concluir la primera etapa intangible de la vida es esencial que la persona se dé cuenta que lo físico ha pasado a un segundo plano y la aceptación de su nueva condición es parte vital para su propia felicidad. Perseguir y querer prolongar la juventud lleva a la frustración para sí mismo y para los demás, lo mejor es adoptar una actitud digna para embonar en este nuevo ciclo de la vida. Quizá surjan algunos problemas de salud que se puedan ir controlando con disciplina, ejercicio moderado y sana alimentación.

Concepto de sí mismo: La autoestima o amor por sí mismo va en relación directa con la fortaleza que muestre ante los sucesos complicados de la vida. Ser un apoyo para los demás lo hará sentir feliz con su persona, lo mismo que aceptar su nueva condición de líder familiar. Entre más se dé a los demás, mayor será su felicidad. El egoísmo no es recomendable en esta etapa. En ocasiones puede existir un rechazo a la vejez y buscar relaciones con personas más jóvenes. La aceptación y la empatía son cualidades que forman la buena autoestima en esta etapa.

Noveno ciclo: Madurez plena, de los 56 a los 63 años

Las personas suelen experimentar el sublime hecho de ser abuelos y puede ser la perfecta oportunidad para reivindicar el amor con sus hijos en caso de que sea necesario. Los objetivos principales son:

a. Hacer un balance de vida.

b. Reconocer sus logros y desaciertos.

c. Revitalizar la relación con sus hijos a través de los nietos, si es que los hay.

d. Ver el sentido total de la vida y no solo un pedazo de ella.

e. Ideas absolutas.

f. Aprender a conectarse consigo mismo, con la espiritualidad.

g. Dejar a un lado el cuerpo material y sus egos.

Es la etapa de reflexionar y reconocer errores y aciertos para tomar un nuevo rumbo. El carácter se hace cada vez más tolerante ante las fallas propias y se comprenden mejor las de los demás. Busca la unión familiar y cobra mayor importancia su rol dentro de la familia a pesar de seguir siendo productivos, las prioridades comienzan a cambiar.

El ser humano sigue buscando la trascendencia a través de darse gustos que quizás en el pasado hubiera sido imposible tener. Ya tiene el tiempo para realizar sus hobbies. Todas las actividades que enriquezcan el alma y el espíritu serán bien recibidas. Estos siete años son el principio del descenso, puesto que la vitalidad y energía decrece, la espiritualidad, contemplación, reflexión, análisis y conceptualización de la vida será muy bien recibida.

Las reglas de la vida las hace la persona, puesto que ya no necesita la aprobación de los demás y ahora su posición es de líder familiar, empresarial, de opinión y altruista, por lo que se atreve a expresarse. Se trata de poder disfrutar la juventud y fuerza combinado con una congruencia hacia sus propios gustos, aunque al mismo tiempo tiende a querer y procurar lo mejor para su grupo familiar.

Aspectos importantes en esta etapa: La fortaleza y la empatía son las cualidades esenciales para el nuevo líder de la familia que deberá tomar decisiones complicadas en nombre de sus padres o enfrentar su fallecimiento. Si llegan los nietos, su cariño se volcará hacia ellos, evidenciando una nueva manera de amar y ser amado. El trabajo pasa a segundo plano y se vuelve un trámite para esperar la jubilación o si se tiene un negocio propio, dejarlo en manos de los hijos.

Concepto de sí mismo: La autoestima o amor por sí mismo va en relación directa con el nivel de apoyo que puede dar a los demás. Ser pilar fuerte, empático y reflexivo ante las vicisitudes de la vida es primordial en esta etapa, ya que la persona toma el lugar protector de sus padres o enfrenta su muerte. Así, su enfoque de vida tiende a cambiar y las relaciones familiares serán lo que más nutra su resultado o autoconcepto de quién ha sido en estos años.

Décimo ciclo: Plenitud, de los 63 a los 71 años

Cambio de rol en la vida laboral y creación del ser. Es el momento en que la persona puede gozar de sus ahorros y jubilarse con un sueldo que le permita vivir sin trabajar. Si ha hecho inversiones, también es el momento de materializarlas y verlas convertidas en viajes y actividades recreativas. La rutina y responsabilidad ya no serán lo más importante y se consideran los años para «darse gusto» y relajarse. Los objetivos principales son:

a. Relajarse y desconectarse de años de responsabilidad.

b. Disfrutar la vida y llevar a cabo los planes postergados.

c. Convivir con la familia.

d. Descubrir su verdadero ser.

e. Integrarse con caridad al amor universal; la creatividad y la belleza cobran sentido cuando se ven reflejadas en las acciones para con los demás.

Es parte de la etapa intangible de la vida donde la persona descubre quién es en realidad. Los puestos, galardones, títulos… pasan a un segundo plano y solo es importante la esencia, el fondo, el contenido del ser. El reencuentro consigo mismo puede ser descrito como lo hizo Mario Benedetti[35] en este fragmento:

> *«Algún día, en algún lugar, te encontrarás contigo mismo y esa puede ser la más feliz o más amarga de tus horas».*

Es el momento de desprenderse del ego y pasar a la simplicidad de ser. Lo simple y sencillo serán lo etéreo e importante. La armonía en su rutina, hábitos, amistades, relaciones familiares y personales serán la base de su felicidad. El placer de la

---

35. Escritor, poeta, dramaturgo y periodista uruguayo (1920-2009).

conversación y pasar momentos cálidos darán mayor realce a esta etapa de transición en la que la persona vuelve a ser ella misma y deja de ser un título, un reconocimiento. Es excelente momento para dar clases, asesoría, preceptoría o cualquier actividad que requiera de su experiencia y conocimiento para ser ejecutados por alguien más.

En esta etapa, la vida laboral tiende a terminar y se da paso a las aficiones y viajes que quedaron pendientes en el pasado. La relación de pareja se solidifica al pasar más tiempo juntos, aunque puede haber roces por haber estado inmersos en otras actividades por muchos años. Es un reencuentro con la persona que acompañó su vida durante largos años y se hace un recuento de logros y momentos pasados, por lo que se busca la satisfacción actual.

Aspectos importantes en esta etapa: Los nietos serán la alegría reinante en estos años y se disfrutará a través de ellos una nueva relación con los hijos, donde el regaño y juicio se diluye, para aparecer la relación armoniosa entre dos adultos que quieren lo mejor para su descendencia. Si la persona elige dejar el trabajo, puede transformar sus horas en pasatiempos como escribir, leer, bordar, tejer, esculpir o cualquier afición que la vida haya hecho imposible de ejecutar con anterioridad. Si opta por seguir trabajando, la tendencia será hacerlo sin desgastar sus relaciones personales.

Concepto de sí mismo: La autoestima o amor propio va en relación directa con la tolerancia a la soledad y a pasar tiempo consigo mismo. La persona acepta ser espectador en la vida de sus más cercanos parientes y comprende que la juventud es la etapa de construir con esfuerzo, mientras que la madurez es para acompañar y aconsejar a los demás en las decisiones que se tomen. Enseñar a otros puede ser una gran fuente de autoestima.

Onceavo ciclo: Sabiduría, de los 70 a los 77 años

Deterioro físico y desapego de lo material. Sus conocimientos son valorados y aportan mucho a la vida familiar, aunque desafortunadamente a veces no se les valora. Es una etapa para dejarse consentir por los suyos y saberse amado. Los objetivos principales son:

a. Dar sabiduría a los demás.
b. Compartir historias y anécdotas que enriquezcan la vida de sus descendientes y ser mentores de los jóvenes.
c. Ser y dar amor.
d. Integrar la sabiduría al conocimiento universal; la creatividad y la belleza cobran sentido cuando se ven reflejadas en las acciones de los demás.

Es la etapa de reflexionar y reconocer errores y aciertos para tomar un nuevo rumbo. El carácter se hace cada vez más tolerante ante las fallas propias y las de los demás y se tiende a comprender con una perspectiva más amplia que permite ver lo que es mejor para todos y no solo para sí mismo. Busca la unión familiar y cobra mayor importancia su rol dentro de la familia, a pesar de seguir siendo productivos, las prioridades comienzan a cambiar.

La persona toma un papel de orientador y sabio que puede ser el eje rector en su familia. Su opinión es tomada en cuenta y es la época de recibir lo que se ha dado en la vida. Sus familiares le demuestran su amor al atenderlo, visitarlo, escucharlo y velar por él.

La persona dicta las reglas de la familia, es un excelente momento para convertirse en consejero en cualquier ámbito, ya sea empresarial, familiar, altruista… Su aval le puede dar prestigio y seguridad a los proyectos. Seguir aprendiendo es parte de su crecimiento en la vida.

Aspectos importantes en esta etapa: Enfrentar la soledad y buscar el aprendizaje que se asienta con los conocimientos adquiridos durante toda su vida. Dejar huella entre sus familiares al contar historias, escribir sus memorias, hacer su árbol genealógico y todo lo que dé luz a su descendencia del porqué de la evolución familiar.

Concepto de sí mismo: La autoestima o amor por sí mismo van en relación directa con la aceptación de su propia mortalidad y la soledad que en momentos puede presentarse. Valorarse por quien sigue siendo y no por quien fue. Acompañar y admirar el resultado de su descendencia.

Doceavo ciclo: Desapego, de los 77 a los 84 años

Sabiduría y sublimidad para recibir la calidez familiar. Los retos físicos y dolores que puedan aparecer se vuelven parte de la vida, dejando el cuerpo material a un lado y enfocando su ser en lo etéreo, lo espiritual. Deja sus necesidades de lado para darse por completo a la experiencia de existir. Los objetivos principales son:

a. Aceptar sus limitaciones físicas.
b. Confiar en su descendencia para que se haga cargo.
c. Buscar la contemplación como parte de la recreación del ser.
d. Dejar que los demás cuiden de su persona física.
e. Mantenerse en el presente.

Es la consolidación de la etapa intangible de la vida en la cual la persona descubre que la vida es un paso solamente y que el ser es más allá que cualquier cuerpo material. Solo es importante la esencia, el fondo, el contenido del ser. Sus familiares se convierten en la mayor recompensa para mostrar su paso por la vida.

Es el momento de desprenderse del ego, dejar atrás el cuerpo físico y dejar que lo simple y sencillo sean lo importante. La armonía de la vida estará basada en aceptar y aceptarse tal cual.

Aspectos importantes en esta etapa: Trayecto contemplativo donde la acción se deja en manos de personas de su confianza y se dedican a acompañar en momentos a los protagonistas de la vida que son sus familiares. En caso de enfrentar un luto por la pareja, las amistades pueden cobrar especial importancia y ser compañeras fieles para convivir y simplemente pasar el rato.

Concepto de sí mismo: La autoestima o amor por sí mismo va en relación directa con la aceptación y con el dejar fluir su historia. La familia y su apoyo serán un factor fundamental en la autoestima. La paciencia para asumirse en esta etapa de transición será un factor fundamental para su felicidad.

Así en el vaivén de la vida, para mí siempre la constante se basa en el **Método de 8 valores**:

VALOR	ACTITUD
Autodeterminación	Seguir tu propio latido
Indagación	Buscar nuevas respuestas siempre
Sociabilización	En base a la empatía
Autodependencia	Física e interdependencia emocional
Límites	Ante tu lado oscuro y ante los demás
Autoconciencia	De tu ser
Tolerancia	Ante tus errores y defectos y los de los demás
Aceptación	Personal y por consecuencia aceptación de los demás

Alguien me dijo alguna vez que cuando estás en el séptimo ciclo, entre los 42 y 49 años, es cuando todos los genios, líderes, escritores, poetas, músicos y filósofos han escrito su mejor obra. Yo me encuentro en este ciclo al escribir estas líneas y me emociona mucho poderte compartir todo lo que ha dejado huella en mí. He cometido errores que me han llevado a decrecer en la vida, he pecado de soberbia, he sido intolerante, he traicionado a personas que han creído en mí, he decepcionado a algunos editores, he lastimado, me he reprochado a mí misma muchas cosas… pero, al final, he aprendido y seguiré aprendiendo, porque «la vida no se acaba hasta que se acaba» y hasta ese día quiero hacer la diferencia, creando en mí misma esa diferencia.

Una última reflexión que te doy con mucho amor:

Cuando creas que has llegado a tu punto más alto, recuerda que la vida es como el juego de SERPIENTES Y ESCALERAS, en el que al tirar los dados puedes caer en serpiente o en escalera y de este modo avanzas o retrocedes hasta que alguien gana. Yo lo que he aprendido es que cuando caes en la soberbia y te crees lo máximo o, como decía mi mamá «la muy, muy» y tiras los dados del destino, es cuando seguramente te tocará SERPIENTE y bajarás 50 casillas en un descalabro para hacerte recordar que no somos nada, que la soberbia es el amor desordenado por nosotros mismos porque en el orden divino todos estamos conectados y todos somos importantes.

Así, cuando estás en orden, la vida te da muchas ESCALERAS, muchas conexiones maravillosas para crecer, para avanzar, para subir. Y es mi máximo deseo que subas muchas escaleras para que llegues a la plena y completa felicidad, pero siempre recordando que, para seguir subiendo, es necesario también ayudar a otros a subir.

Capítulo 10
Conclusiones de la crianza efectiva
y testimonios reales

Un ser no está completo hasta que no se educa.

Horace Mann[36]

Para llegar a las conclusiones de este libro, y antes de completarlo, experimenté varias de mis teorías mediante talleres de crianza, asesorías personalizadas, conferencias masivas y lanzamiento de algunas ideas expuestas en redes sociales. Cuando vislumbré los excelentes resultados de llevar a cabo este método, me llené de amor en mi corazón y agradecimiento para quienes han compartido este viaje conmigo.

He aquí algunos de los comentarios y reflexiones:

El taller «Los 8 valores para la crianza efectiva» me ayudó a trabajar en aspectos de mi crianza, patrones aprendidos que estaba repitiendo los cuales no eran formativos para mis hijos.

---

36. Escritor, político, filósofo, educador, reformador y promotor del arte estadounidense (1796-1859).

Cada familia es diferente y lo que más me gustó fue que es un taller en donde cada persona, conforme a sus valores y creencias, va adquiriendo herramientas para finalmente educar sin culpa y de una manera consciente.

Trixia es una especialista en el tema que conoce las etapas del desarrollo de los niños y es una mamá que conoce de la actualidad por lo cual es muy asertiva en todo su taller.

Lic. Lisa Madrazo Capuano
Psicóloga Educativa
Directora Educacenter,
Ciudad de Guatemala

El curso me sirvió mucho porque la información se va dando poco a poco, desde recién nacidos hasta la adolescencia. Me gusta que las dudas se van esclareciendo pausadamente con un método muy visual y con ejemplos. Es una guía fundamental para orientar mejor a las mamás debido a la falta de valores en la sociedad actual. Retomar nuestro instinto y los valores de la ley natural son necesarios para tratar de restaurar a la humanidad.

Montse Garralda
Ciudad de México

El curso nos permitió conocer más nuestra herida primaria, de manera que entendimos el porqué de nuestra forma de ser y reaccionar. Conociéndonos más podemos aprender a manejar nuestros impulsos y formas de ser.

En el tema de los ciclos de los hijos conocimos cómo es el desarrollo de nuestros hijos y entendimos más cómo guiarlos, cómo educarlos y cómo ser mejores padres.

Me encantó la manera como Trixia nos fue explicando las etapas, la herida primaria y nos dio muchos tips y guías para educar a nuestros hijos.

Sé que ella es una mujer muy preparada que se preocupa por los valores y la unión familiar, le agradezco que nos comparta su conocimiento y nos ayude a formar familias unidas y con valores.

Erun Rivadeneyra
Puebla, México

Robándote algunas palabras mágicas tan bien expresadas en tu libro, «en este mundo del progreso, donde la ciencia, la tecnología, la facilidad y la comodidad están a tope de las prioridades», te agradezco por compartir con nosotros esta maravillosa «Fórmula de vida o Crianza efectiva» que refleja a la perfección cómo esta obra proviene de lo más profundo de tu CORAZÓN sumado a toda esa pasión que llevas dentro en pos de poner LUZ o CONCIENCIA sobre un tema tan importante y apasionante como lo es el AUTOCONOCIMIENTO y la fórmula de AUTOCORRECCIÓN para rehacer los vínculos perdidos con nuestros hijos o aquellos a quienes más amamos y lograr una crianza y una vida plena. Siendo ese el punto de partida desde el cual reformulemos nuestras prioridades y aprendamos a vivir en valores.

Alejandro Diez
Buenos Aires, Argentina
Co-fundador animasana.net

Gracias Trixia por este valioso libro. Es más que un libro, es un workbook, es un viaje de auto conocimiento y también para conocer mejor a nuestros hijos.

Trixia describe de una manera fácil y concreta información muy valiosa con cuestionarios de preguntas muy poderosas que nos ayudan a concientizar sobre quiénes somos y así poder apoyar a los que nos rodean a alcanzar su máximo potencial.

Se nota la pasión, el amor y la ardua investigación que Trixia le puso a la creación de este libro. Ella misma, siendo madre, muestra sus ejemplos personales del viaje que transitó para poder ofrecer en este libro lo mejor, con herramientas prácticas para aplicar que nos quedarán de por vida. Sin duda esto será de una gran ayuda para acompañar a mis hijas.

GEORGINA SAVASTANO
TRANSFORMATIONAL COACH
BUENOS AIRES, ARGENTINA

El «Método de 8 valores para la crianza efectiva» es un ensayo imprescindible no solamente para aquellas familias que tienen hijos, sino para cualquier persona que quiera conocerse a sí misma y entender el origen de muchos comportamientos propios y ajenos. Un retrato universal del camino que nos lleva al aprendizaje y a la evolución. Trixia Valle consigue con esta obra darnos las pautas básicas para ayudar a los nuestros a alcanzar la felicidad y el equilibrio a través de una lectura didáctica, ágil y dinámica, llena de ejemplos y de pruebas para poder identificar cada carácter y saber cómo minimizar los defectos y potenciar las virtudes de cada persona. Gracias por este maravilloso tratado sobre la educación y el comportamiento humano, que debería ser de obligada lectura para cualquier habitante de este mundo o de cualquier otro, hable la lengua que hable o tenga la cultura que tenga.

Es un honor para mí poder formar parte de esta bendita aventura. Con todo el cariño.

DAVID NOVELLES
ESCRITOR
BARCELONA

*La gran escritora y amiga Trixia Valle es una persona que ha sabido transmutar su experiencia de vida, sus aprendizajes y lecciones en escritos que se han convertido en valiosos libros que buscan, en esencia, mejorar la vida de todos los seres humanos. El **Método de 8 valores para la crianza efectiva** no es solo un texto metodológico, es una guía para la vida y para la crianza de las nuevas generaciones. La autora no se limita al simple hecho de ser una escritora, realmente durante la lectura se convierte en una amiga, una confidente, un alma dispuesta a ayudar y entregar su vasta sabiduría para contribuir a la sanación. Esa es la esencia de Trixia, una mujer sensible y preocupada por cada niño, cada adolescente y cada joven que se encuentra perdido, solo y triste en este convulsionado y a veces confuso planeta.*

Dios nos llama a través de los escritos de diferentes maneras. En esta oportunidad a través de Trixia, nos invita a la sanación de nuestra alma y a la identificación de nuestras heridas desde el vientre materno. También nos invita a que nos tomemos el tiempo de realmente reflexionar sobre nuestra vida, para encontrar nuestro camino a la felicidad y no simplemente pretenderla.

*El **Método de 8 valores para la crianza efectiva** es una gran contribución para el bienestar a nivel mundial. Haciendo referencia a la autora, debemos recordar que «solo quien domina su espíritu, puede dominar el mundo».*

RAFAEL NÚÑEZ
AUTOR VENEZOLANO

¡Misión cumplida!

«Da a tus hijos raíces y alas», reza un proverbio oriental y es justo lo que este método logra cumplir. Recuerda que esta información, que puede parecer abrumadora, solo requieres irla digiriendo por cada dos o tres años. En realidad, si te concentras en asimilar ese periodo, tu labor será sencilla.

Recuerda usar letreros para saber en qué etapa estás con tus hijos y regresar al libro las veces que te sea necesario. Roma no se hizo en un día, sin embargo, poco a poco, llegó a ser la ciudad reinante del mundo antiguo. Así sucede con nuestros hijos, date chance, a veces se construye, a veces se retrocede, sin embargo, tener una dirección nunca nos llevará a perdernos.

También puedes recordar cada valor fácilmente con mi muñeco «Iktan», cuyo nombre es de origen maya y significa INGENIOSO, lo cual define a alguien que encuentra salida a los conflictos e innova en la manera de hacer las cosas para lograr el propósito universal de todos los seres humanos que es el de ser felices.

Puedes reproducir o fotografiar alguna de las imágenes de Iktan para tener un recordatorio de cómo los valores del método se van confirmando para dar una completa formación del ser humano.

Estoy segura de que si tenemos una planeación ordenada de lo que la vida nos pone como pequeñas pruebas o retos, dejaremos de vivir como una lucha y comenzaremos a tener una visión de aventura, pues cada día es una hazaña que comienza y solo con una visión de amor y paz podemos disfrutarla, valorando desde sus más inmensos problemas, hasta sus más grandes dichas. ¡Claro que hay vidas muy difíciles, muy duras, muy lamentables, muy dolorosas y desdichadas! Sin embargo, como decía Steve Jobs[37]: «une los puntos hacia atrás», pues al hacerlo, encontrarás la razón de cómo cada situación que parecía un problema cobra sentido.

Atrévete a sonreírle a la vida, atrévete a perdonar, atrévete a soltar las cadenas que no te permiten avanzar hacia tus sueños, pues la verdadera recompensa de ello es VOLAR. Yo pasé de ser una niña atormentada, a una adolescente rebelde, a una adulta emprendedora, a una esposa sometida y enojada, a una divorciada entusiasta, a una jefa exigente, a una escritora soñadora, a una mamá realizada y a una mujer completa solo cuando dejé de juzgarme y comencé a amarme. ¡Si yo pude, tú también!

Si quieres realmente ser feliz, elévate un nivel por encima de ti mismo. Deja de una vez por todas ese lugar que te dice que eres víctima de todo y todos. Y cuando lo hagas objetivamente, la llave a la felicidad habrás encontrado y, esa, está solo en tu corazón.

TRIXIA VALLE

---

37. Cofundador y presidente de Apple (1955-2011).

Inyección de amor:
Carta anónima desde el cielo

Desde aquí, desde mi cielo, desde donde me encuentro ahora, quiero decirte que puedo ver la película completa de la vida y ahora lo comprendo todo.

Comprendo tu miedo cuando me mirabas con desaprobación. Ahora sé que no tenía nada que ver conmigo, sino con tu propio temor al no poderte reconocer en mí. Sin embargo, al estar yo en la Tierra, con ese mismo miedo, no tuve opción que tomarme todo ello en forma personal y sentirme agraviado por las cosas que tu miedo te llevaron a hacer.

Quiero que sepas que yo no te guardo ningún rencor. En mi corazón, toda esta vida ha pasado como una vivencia de aprendizaje, que al final se convierte siempre en amor. Es increíble cómo toda la pesadumbre que creemos sentir se vuelve una completa libertad al dejar el pesado cuerpo que nos atrapa con la mente en pensamientos que nos atan a las formas que sentimos como verdades, cuando en realidad todo es muy relativo.

A ti, que no sabes cómo hablar de lo que sientes y que pones una careta sobre tu persona para poder sobrevivir en el ambiente hostil, en el ambiente del miedo, te quiero decir que esa careta solo hará más pesada y dolorosa tu existencia en tu tiempo allá.

Hoy te pido con todo mi corazón que sueltes los miedos que te embriagan y que dejes volar tu alma libre hasta el cielo para conectarte con tu verdadero ser. Cuando hablas con sinceridad, el amor aflora en tus células y eso hace que contactes con la verdadera raíz de los demás, donde no hay nada que temer y te aseguro que solo recibirás amor.

Mientras estés conectado con el temor, la parte oscura de tu personalidad te cubrirá más y más, dejando de ser tú mismo, y lo que es peor, dañando a otros a tu paso por ese mismo miedo que nada tiene que ver con la realidad.

Estando con vida ¡como tú la tienes ahora!, es tan fácil pasar del lado oscuro al lado luminoso de la vida.

Si supieras lo sencillo que es dejar el miedo y fluir. Parece mentira que la liberación y la felicidad estén a un paso de nuestro alcance, y tardemos toda una vida para encontrar la respuesta, cuando todo está justo ahí, junto a nosotros.

Si crees que tu miedo se diluye al pasarlo a otros, solo estás alimentando tu propia oscuridad y además oscureciendo a los demás, al hacerlo, eso te quita energía y vida, pues la vida nos son los años físicos que pases en la Tierra, sino los años de amor que trasciendas en tu existir. Nada de ello puede contar si hay carencia de luz. Te repito de nuevo, la luz es simplemente ser tú y entregarte a los demás.

La vida es solo un instante; en verdad, no sabes todo lo que te pierdes cuando vives atrapado en una marca, en una moda, en el dinero, en las posesiones, en las apariencias, pues todo lo que no es real, pesa. Y ese peso te quita vida, pues solo vives cuando estás contactado con tu verdadero ser que es el amor que hay en ti.

¡Brilla!, es tu naturaleza. No tiene nada de brillante empequeñecerte para que los demás no te teman. Al contrario, estarías fingiendo, como lo hice yo, para que te acepten y al final de cualquier manera, nadie te va a aceptar mientras estés fingiendo. La única manera de tener vida y brillo es ser tú, así como eres: auténtico, un

poco loco, un poco travieso, un poco inquieto, un poco nervioso, pero tú.

La moda «cool» es lo que más lastima hoy a los jóvenes. Hoy el mundo te exige que no sientas, que estés cool, que quiere decir estar frío, sin sentir ni lo bueno, ni lo malo. Si no me crees, mira a cualquier persona mirando su celular. Pueden estarle diciendo lo peor del mundo y su reacción de disgusto es breve, y a los cinco segundos vuelven a disimular; lo mismo pasaría si se acabaran de ganar la lotería, esbozarían una leve sonrisa, para volver a su cara inexpresiva de «aquí no pasa nada».

Esta moda sin sentimientos es lo que nos ha quitado la empatía natural entre todos, pues no sería «cool» sentirte mal por alguien y tampoco sería «cool» alegrarte por el logro de los demás… al final todo es «X»… Y esto es lo que nos mantiene a todos muertos en vida y sin poder realmente contactar con los sentimientos y disfrutar.

Yo te pido, a ti que tienes vida, que estás en la Tierra, que tienes tus años por delante, que dejes de lastimar a los demás. No existen insultos en broma. No existen groserías, majaderías y obscenidades «light», cada palabra tiene un peso y esa carga te lleva a la luz o a la oscuridad. Las palabras resuenan en el agua y dejan con ello una huella. Lo mismo sucede en las células, pues la mayor parte de tu cuerpo físico es agua y las palabras resuenan.

Si yo pudiera pedirte algo, sería que dejes de insultar a los demás, que quites de tu vocabulario toda vulgaridad y palabra grotesca de ahí, pues cada vez que las pronuncias, algo dentro de tu alma va muriendo lentamente.

También te comparto que tengas compasión de las personas que ya no quieren vivir. Cada vez habrá más de ellas, y este es un síntoma de una sociedad enferma, en donde los niños y niñas sienten que a nadie le importan y no pertenecen ahí. Desde la primera infancia, les dan un aparato tecnológico para que no molesten, se aíslen y se entretengan. Esto los anestesia y los limita a jamás *conectar a la fuente verdadera de amor. Por ello, no es raro que, al crecer, quieran estar desconectados, sufriendo en una profunda soledad, sin poder decir lo que sienten, pues nunca lo aprendieron a hacer.*

A los papás y a las mamás del mundo yo les diría que no se pierdan la oportunidad de conectarse con sus hijos y de darles ese vínculo de amor que necesitan. Abrácenlos mucho. El mundo de por sí es hostil y la hostilidad no es otra cosa que desconexión. Abrácenlos mucho para que sientan en su corazón esa fuerza y ese lazo que les dé esperanzas de vivir. No importa si trabajas poco o trabajas mucho, no importa si estás muchas horas o pocas horas, el alma de tus hijos lo comprende y sabe el sacrificio que haces al dejarlos, pero, aun así, no dejes de abrazarlos, pues es ahí donde se reparan todas las células del abandono y del miedo. No dejes que tus hijos crezcan con miedo, con ese miedo que nos aparta de los demás. Si les quieres dar el mejor regalo, deja que hablen libremente de lo que sienten, pues es así como contactan con su propia luz.

A los maestros de escuela y directivos les diría que no hay trabajo más noble que el que ellos realizan, pero también tienen miedo. Tienen miedo de los padres de familia que los culpan por cualquier cosa que pueda suceder en la escuela, como una caída accidental del columpio o un enojo entre compañeros. Quiero que sepan que, entre un caso de acoso y un enojo normal o un accidente, la diferencia la hace el miedo que existe ahí. Si los padres no dejan a los maestros poner límites que hagan a los alumnos contactar con su propia luz, al reconocer sus sentimientos y darse cuenta de su mal actuar, y arrepentirse de sus actos, la oscuridad irá ganando terreno en ellos. No dejen que unas absurdas reglas de educación les eviten cumplir con su deber. Las formas deben estar ajustadas al fondo y si el fondo es la luz, en ello siempre habrá un bien.

No te preocupes por mí. Yo estoy en un mejor lugar. Estoy en paz. Mi tiempo allá ha concluido, pero el tuyo sigue ahí, por lo que si hay algo que hoy quisieras cambiar ¡hazlo! Es más sencillo de lo que crees, solo vive conectado y brillarás por siempre. Yo desde aquí velaré por ti y con mi luz, que te comparto, estaré feliz de verte sonreír. No importa lo que hayas pasado, pues siempre existe un mañana vibrante al cuál poder abrazar.

Desde tu vida, enciende la luz y el amor. Compártete con los demás, aprende a decir la verdad, fluye con tus sentimientos y alivia tus emociones. ¡Ama tu vida y brilla, tú puedes hacerlo, pues estás ahí!

Mensaje de amor canalizado por Trixia de un joven de 15 años que se quitó la vida en 2018.

Datos de contacto

www.trixiavalle.com

 FB @trixiavalleoficial

IG @trixiavalle

Twitter @trixiavalle

YouTube @trixiavalle

TikTok @trixiavalle